Conheça todas as teorias, domine todas
as técnicas, mas ao tocar uma alma
humana, seja apenas outra alma humana
(Carl Gustav Jung).

D395s

Deminco, Marcus

Psicopatologia – Conceitos, Definições, Teorias & Práticas / Marcus Deminco –   1ª
ed. – Salvador : Independently Published, 2019.
Marcus Deminco, 2019.
130 p.

ISBN: 9781796870084

1. Psicopatologia, Semiologia. Sensopercepção.   2. Psicologia. : Diagnóstico,
Nosologia, Nosografia: Neurologia. Neuropatologia.
I.,. II. Título.

CDD-658.45
CDU: 811.134.3

Ficha catalográfica elaborada pelo Sistema Universitário de Bibliotecas (SIBI/UFBA)

Psicopatologia

Conceitos, Definições, Teorias & Práticas

Marcus Deminco

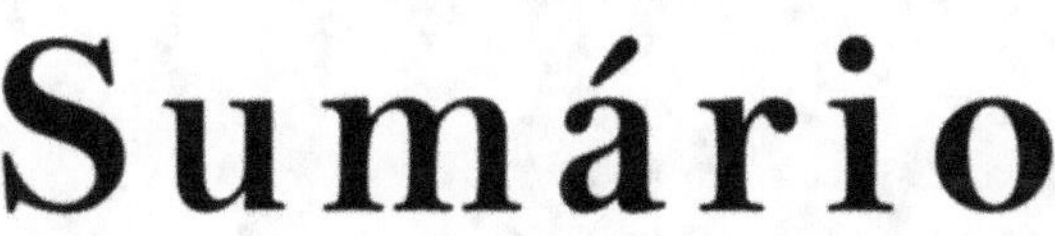

Sumário

1. Aspectos Históricos

Um fenômeno é sempre biológico em suas raízes e social em sua extensão final. Mas não nos devemos esquecer, também, de que, entre esses dois, ele é mental (Jean Piaget).

Conforme Ceccarelli (2005) destaca, cada contexto histórico-político teve sua Psicopatologia, ou seja, suas tentativas de "decompor" o sofrimento psíquico em seus elementos de base para, a partir dai, compreendê-los, classificá-los, estudá-los e tratá-los. Como resultado, temos ao longo da história várias metapsicologias, cada uma com referências próprias e diferentes perspectivas teórico-clínicas. Para Freud, a "psicoanálise" é uma análise do psiquismo no sentido que a química dá a esse termo. Trata-se de decompor, de analisar, os elementos que constituem "os sintomas e as manifestações patológicas do paciente".

Na Grécia pré-socrática o sofrimento psíquico era um castigo dos deuses irritados com a hybrisdos homens. Em Homero, a Atê turva temporariamente a razão, fazendo da loucura um estado de desrazão. Por ser obra de Zeus, o homem não é responsável por sua loucura, e nenhum estigma é lhe acarretado. A terapia era o misterioso pharmakon, que reinseria o sujeito em seu grupo social. Nos textos trágicos, a loucura resulta da impossibilidade de escolha individual nos conflitos entre paixões, lealdades e deveres impostos pelo destino. Nas obras de Eurípedes a loucura se psicologiza, e tanto a sua etiologia quanto os quadros clínicos são atribuídos às consequências das emoções na vida dos homens. O modelo mítico-teológico da antiguidade é substituído por uma visão racionalista das contradições, limitações e fraquezas humanas. (PESSOTTI, 1994).

Com Hipócrates, a loucura — a perda da razão ou do controle emocional — era entendida como um efeito do desarranjo na natureza orgânica do homem. Sua etiologia deve ser buscada nas disfunções humorais. Tal concepção afasta definitivamente a influência divina na loucura. Essas ideais, que revelam uma visão organicista do distúrbio, terão profunda influência na medicina nos séculos XVIII e XIX. Platão dá uma visão completamente nova da psyché, ao considerá-la como composta de três almas: (A) uma racional, o logos, (B) uma afetivo-espiritual e (C) uma terceira que seria apetitiva. Para Platão, a loucura atestaria o desarranjo no equilíbrio dos três componentes da psychê, fazendo com que a parte racional, o logos, perdesse o controle.

Nos séculos XV e XVI o peso das explicações religiosas em relação à loucura começa a perder terreno, na medida em que o estudo da medicina, fortemente influenciado pelo retorno das ideais de Galeno, passa a considerar componentes psicológicas na loucura, o que propicia o aparecimento da noção de alienado.

Enquanto no século XVII as categorias platônicas são acrescentadas às teorias da loucura, o XVIII é marcado por uma Psicopatologia desordenada, devido à falta de fundamentação sólida da fisiologia nervosa. Consequentemente a nosografia é difusa, com critérios variados e imprecisos. As classificações são ora extremamente abrangentes, o que as torna pouco úteis, ora drasticamente limitadas, tornando-se de difícil confirmação. No início do século XVIII o pensamento médico em relação às "doenças do espírito" e a prática do internamento permaneceram estranhos um ao outro; no final desse século as duas correntes – pensamento e prática – sofrem uma primeira convergência, embora não se tratasse ainda de uma conscientização de que os internos eram doentes (FOUCAULT, 1978 apud CECCARELLI, 2005).

No início do século XIX, mais precisamente em 1801, Pinel publica seu Tratado Médico-Filosófico sobre a Alienação Mental. Obra revolucionária, o Tratado modifica radical e definitivamente a visão da loucura e inaugura uma nova especialidade médica, que mais tarde chamar-se-ia psiquiatria. Pinel desenvolveu um sistema de classificação bastante simples e prático, que separava as doenças mentais em melancolias, manias sem delírio, manias com delírio e demência. Ele acreditava que a base dos transtornos mentais podia ser uma lesão no sistema nervoso central, dessa forma, a doença mental deveria ser estudada por meio das ciências naturais. Além disso, Pinel não encontrava aplicação para processos terapêuticos baseados da administração indiscriminada de drogas ou nos processos médicos tradicionais de purgação e sangria. Sua contribuição primordial foi mudar a atitude da sociedade em relação aos insanos de modo que esses pacientes pudessem ser considerados seres humanos enfermos merecedores e necessitados de tratamento médico. Pinel sustentava ser impossível determinar se os sintomas mentais resultavam de doença mental ou dos efeitos das correntes (aprisionamento). É célebre o episódio, que se tornou histórico, de Pinel retirando os grilhões e correntes que prendiam os pacientes em Bicêtre. (PACHECO, 2003).

Jean Esquirol, o mais importante sucessor de Pinel, amplia os conceitos desse último ao sustentar que existem diversas formas de loucura, todas devendo ser compreendidas como distúrbios das funções racionais. Acrescentando aspectos de sua própria abordagem. Esquirol realizou descrições precisas de sintomas clínicos, que eram frequentemente acompanhadas de estatísticas, algo inovador para a psiquiatria. Foi ainda ele o primeiro a distinguir alucinação de delírio, percebendo que a capacidade de raciocínio do ser humano está intimamente relacionada às suas necessidades emocionais. Esquirol influenciou muitos médicos que passaram a descrever de forma cada vez mais sofisticada os quadros clínicos que tratavam.

E dessa forma, até o final do século XIX não existia, em rigor, um saber sobre o sofrimento psíquico que acometia o homem. A preocupação vigente era a doença, a sintomatologia: conhecer para classificar. Os grandes psicopatólogos daquela época tinham por preocupação apenas classificar e etiquetar as organizações psíquicas que escapavam às referências de normalidade.

> O temor de que a história da medicina e da psiquiatria possa tornar-se subserviente aos médicos levou alguns historiadores a superestimar sua autonomia. Em relação à psiquiatria, uma expressão comum dessa preocupação tem sido a de sobre-enfatizar os seus aspectos sociais. Em relação à medicina em geral alguns se sentem autorizados a escrever: "O compromisso com uma história médica "neutra" não foi apenas difícil, mas muitas vezes pôde gerar nada menos do que má história uma história com a raiva deixada de fora". Embora haja algo a ser dito em favor de escrever a história "raivosa", principalmente em relação aos aspectos sociopolíticos da psiquiatria, a mudança sugerida também teve indesejáveis consequências. A preocupação exclusiva com os macroconceitos, e as questões sociais tem, em certas ocasiões, resultado em obras psiquiátricas históricas que se leem como manifestos políticos. Uma vítima deste modismo tem sido a investigação histórica sobre a origem e evolução dos sintomas psiquiátricos. A história da Psicopatologia, devido à sua especial vulnerabilidade às acusações de "presentismo", ou "internalismo" foi deixada para os clínicos idosos ou confinada às seções introdutórias de estudos clínicos. (NEVE, 1983 apud BERRIOS, 2012).

2. Definições & Conceitos

"O que a alma é não nos cabe saber; com o que ela se parece, quais são suas manifestações, é de grande importância." (Juan Luis Vives - 1538 - De Anima et Vita)

A etimologia da expressão Psicopatologia é composta de três palavras de origem grega: Psychê, que produziu "psique", "psiquismo", "psíquico", "alma"; Pathos, que resultou em "paixão", "excesso", "passagem", "passividade", "sofrimento", "assujeitamento", "patológico" e Logos, que resultou em "lógica", "discurso", "narrativa", "conhecimento". Dessa forma, Psicopatologia pode ser compreendida como um discurso ou um saber (logos) sobre a paixão, (pathos) da mente, da alma (psiquê). Ou seja, um discurso representativo a respeito do pathos psíquico; um discurso sobre o sofrimento psíquico sobre o padecer psíquico. A psychê é alada; mas a direção que ela toma lhe é dada pelo pathos, pelas paixões. (BERLINCK, 1997 apud CECCARELLI, 2005).

> Entretanto, a expressão Psicopatologia que deu nome ao que muitos médicos faziam, principalmente, na França, na Alemanha e na Inglaterra, durante todo o século XIX, inaugurou a tradição médica que se manifesta, até hoje, nos tratados de psiquiatria e de Psicopatologia médica. O aparecimento da Psicopatologia como disciplina organizada se dá com a publicação da obra, Psicopatologia Geral. Um compêndio publicado em 1913, pelo psiquiatra e filósofo alemão, Karl Jaspers que visava descrever e classificar, de

forma minuciosa e sistemática, as doenças mentais. (BERLINCK, 1997).

Para Jaspers a Psicopatologia é uma ciência complexa: é uma ciência natural, destinada à explicação causal dos fenômenos psíquicos mediante os recursos e teorias acerca dos nexos extra-conscientes que determinam esses fenômenos; e é ciência do espírito, voltada para a descrição das vivências subjetivas, para a interpretação das suas expressões objetivas e para a compreensão de seus nexos internos e significativos. A Psicopatologia deve considerar o individuo globalmente atentando sempre para os padrões de normalidade aonde o indivíduo a ser questionado está inserido, não se deixando guiar "cegamente" pelos sintomas. Considerar um sintoma isolado é fazer com que o objetivo principal de entendê-lo (compreender o indivíduo) seja esquecido (FIGUEIREDO, 1989 apud MENDOZA, 2007).

Barlow & Durand (2008) também salientam que a Psicopatologia é um termo ambíguo: refere-se tanto ao estudo dos estados mentais patológicos, quanto à manifestação de comportamentos e experiências que podem indicar um estado mental ou psicológico anormal. Os transtornos psiquiátricos são descritos por suas características patológicas, ou Psicopatologia, que é um ramo descritivo destes fenômenos.

> A Psicopatologia é um ramo da ciência que trata da natureza essencial da doença mental, suas causas, as mudanças estruturais e funcionais associadas a ela e suas

formas de manifestação. A Psicopatologia, em acepção mais ampla, pode ser definida como o conjunto de conhecimentos referentes ao adoecimento mental do ser humano (DALGALARRONDO, 2000).

Baumgart (2006 apud FERNANDES, 2008) pontua que a Psicopatologia tem dificuldade de coesão teórica devido aos muitos discursos que abarca. Percebe-se que os conhecimentos a ela relativos parecem constituir-se apenas como um aglomerado de especialidades. A Psicopatologia está ligada a diversas disciplinas: as psicologias, as psiquiatrias e ao corpo teórico psicanalítico. Dentro da Psicologia, liga-se com Psicologia Clínica (direcionada ao diagnóstico, e ao estudo da personalidade), Psicologia Geral (noções de subjetividade, intencionalidade, representação, atos voluntários etc.), e ainda Psicologia ligada às neurociências, tradições hinduístas e outros.

Considerando ainda que, a Psicopatologia perpassa e dialoga com diferentes campos do conhecimento (principalmente entre a Psicologia, Psicanálise, Neurologia e Psiquiatria) faz-se imprescindível também, uma melhor definição sobre os limites inerentes a essas áreas dentro das práticas e/ou atuações psicopatológicas; tanto diante dos estados mentais patológicos quanto frente as suas manifestações comportamentais. Inserida nesse contexto, a Psicanálise é um procedimento investigativo dos processos mentais que são quase inacessíveis por qualquer outro modo, um método (baseado nessa investigação) para o tratamento de distúrbios neuróticos, e uma coleção de informações psicológicas obtidas ao longo dessas linhas, e que gradualmente se acumulou numa "nova" disciplina científica. A Psicologia, entretanto, é a ciência que se preocupa com o comportamento humano em seus aspectos e condutas observáveis, que possam ser medidos, testados, compreendidos, controlados, descritos e preditos objetivamente. (FREUD, 1923 apud HAAR, 2008).

> Por um lado a psicanálise se diferencia da psicologia por ter como seu objeto de estudo específico os fenômenos psíquicos inconscientes. Enquanto o estudo da psicologia abrange os fenômenos conscientes e inconscientes: estes são os objetos de estudos específicos da psicanálise, a qual utiliza, com essa finalidade, uma metodologia própria e específica. (FREIRE, 2002).

Tanto a Psiquiatria quanto a Neurologia são especialidades médicas. A Psiquiatria lida com a prevenção, atendimento, diagnóstico, tratamento e reabilitação das doenças mentais em humanos, sejam elas de cunho orgânico ou funcional. A meta principal é o alívio do sofrimento psíquico e o bem-estar psíquico. Para isso, é necessária uma avaliação completa do doente, com perspectivas biológica, psicológica, sociológica e outras áreas afins. Uma doença ou problema psíquico pode ser tratado através de medicamentos ou várias formas de psicoterapia. A Neurologia estuda e atua nas doenças estruturais, provenientes do Sistema Nervoso Central (encéfalo e medula espinal), do Sistema Nervoso Periférico (nervos e músculos) e de suas estruturas invólucros (meninges). Uma doença estrutural, portanto, refere-se à existência de uma lesão identificável em nível genético-molecular (mutação do DNA), bioquímico (alteração de substância responsável pelas reações químicas mantedoras das funções dos tecidos, órgãos ou sistemas) ou tecidual (alteração da histológica ou morfológica própria de cada tecido, órgão ou sistema). (LAMBERT & KINSLEY, 2006).

Ceccarelli (2005) acentua ainda o desenvolvimento das neurociências, e o espantoso crescimento dos psicofármacos, que reforçam a ideia da origem biológica dos transtornos psíquicos. Permitindo-lhe supor, sem exagero, que dessa maneira, em breve não será mais necessária a atuação prática da Psicopatologia para o tratamento dos transtornos psíquicos. Não será necessário levar em conta os aspectos subjetivos, os conflitos internos e as experiências psíquicas de cada um: bastará conhecer o uso das moléculas químicas.

Segundo Sims (2001) a Psicopatologia é o estudo sistemático do comportamento, da cognição e da experiência anormais; o estudo dos produtos de uma mente com um transtorno mental. Isto inclui as Psicopatologias explicativas, nas quais existem supostas explicações, de acordo com conceitos teóricos (p. ex., a partir de uma base psicodinâmica, comportamental ou existencial, e assim por diante), e a Psicopatologia descritiva, que consiste da descrição e da categorização precisas de experiências anormais, como informadas pelo paciente e observadas em seu comportamento.

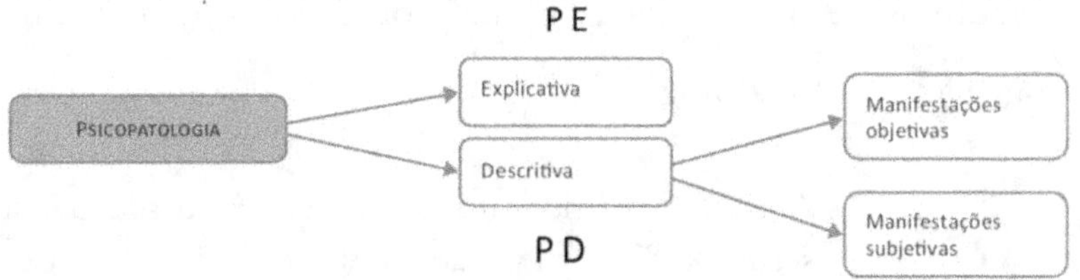

Figura 1. Vertentes da Psicopatologia. Enquanto **PE** inclui explicações com base em constructos teóricos (por exemplo, psicodinâmicos ou cognitivo-comportamentais), **PD** refere-se à descrição precisa e à categorização das manifestações psicopatológicas objetivas observadas diretamente pelo clínico (comumente denominadas de sinais), e dos fenômenos subjetivos, verbalizados pelo doente (comumente denominados de sintomas). (CORREIA, 2014).

Sims (2001) distingue que a Psicopatologia descritiva consiste por duas partes distintas: a observação do comportamento, e a avaliação empática da experiência subjetiva. A observação acurada é extremamente importante e um exercício muito mais útil do que simplesmente contar os sintomas; às vezes o uso servil de listas de sintomas, para a verificação de sua presença ou ausência, tem impedido a observação clinica genuína. A objetividade é crucial, além da necessidade de observar mais do que apenas o comportamento. A outra parte da Psicopatologia descritiva avalia a experiência subjetiva através da empatia como termo psiquiátrico, que significa literalmente "sentir-se como".

Miller & Berrios (1984 apud BERRIOS, 2012) destaca também que a Psicopatologia descritiva deve ser considerada como uma instituição conceitual que oferece uma interface dinâmica entre o observador e os fenômenos psicopatológicos através de uma coleção sistemática de princípios gerais, enunciados descritivos, e regras para a sua aplicação, que constituem a linguagem psicopatológica.

> A tarefa da Psicopatologia descritiva, desde o início do século XIX estava voltada para a identificação de classes de atos mentais anormais. De acordo com a teoria dos signos, então vigente, um nome tinha que ser dado para cada classe. E, apesar de seus múltiplos sistemas taxonômicos, combinações e hierarquias de sintomas "permitidas". Sistemas classificatórios que preservaram essas combinações foram mais propensos a sobreviver do que os que ofereciam pontos de partida radicais. A utilização da linguagem psicopatológica é considerada como "apropriada" quando é limitada ao domínio onde foi calibrada. A calibração da linguagem baseia-se na observação histórica, clínica e estatística cumulativa. Uma vez atingido um "estado de equilíbrio", a linguagem clínica perdura até que **(1)** os objetivos cognitivos da "comunidade de usuários" ou "coletivo de pensamento" mudem de direção, ou **(2)** o objeto psicopatológico em si passe por uma transformação para além dos limites permissíveis, ou **(3)** a interação controlada entre o objeto e a linguagem promova maior desenvolvimento científico (PANDIT, 1983 apud BERRIOS, 2012).

A tradição do "hipnotismo" também contribuiu para a criação de um "espaço interno" ou "discurso" buscando os mecanismos não conscientes. Estas tendências convergiram e a nova "Psicopatologia dinâmica" reuniu "conteúdo", "fonte" e "mecanismo" em um modelo teórico unificado. Além disso, linguagens (de vários graus de resolução) foram geradas pela maioria das sociedades e durante diversos períodos históricos para descrever a loucura, e seu estudo resultou na Psicopatologia transcultural e histórica, respectivamente. Períodos de estabilidade descritiva e de ruptura conceitual podem ser discernidos na análise longitudinal. Cabe ao historiador identificar os mecanismos responsáveis por estes processos. Modelos de mudança científica podem ajudá-lo de um modo geral, mas ele necessita explicações regionais. O historiador clínico quer saber, por exemplo, como reconhecer os primeiros ou mais críticos sinais de uma "ruptura epistemológica" em sua própria disciplina. Mais importante, ele quer saber se essa crise decorre de falha de linguagem ou de mudança de objeto. (MARCHAIS, 1983 apud BERRIOS, 2012).

A Psicopatologia psicanalítica, por sua vez, nasce a partir da dimensão do desejo, que submetido às leis da linguagem escapa a qualquer apreensão direta de sua finalidade, Freud postula que o sujeito (louco ou não) sempre que fala, fala do, e a partir de seu pathos, que aqui se confunde com a trama discursiva que o constitui. É esta trama, inicialmente encarnada pelo Outro, que possibilita que o pathos, como passividade, alienação, transforme-se, na situação terapêutica, em percepção, em experiência. (KUSNETZOFF, 1982).

> Se, por outro lado, o excesso (de pathos) causa dor, por outro, ele cria subjetividade. No humano, a dor tem um destino sui generis ao adquirir representação psíquica. É por "falar" que a dor solicita escuta; escuta essa que, sendo terapêutica, possibilita o recuo necessário para transformá-la em experiência. Na atualidade, entretanto, observa-se um movimento cada vez maior no sentido de eliminar a dor – de evitar contato consigo mesmo – do que para

transformá-la em experiência. A espantosa produção de analgésicos, cada vez mais eficientes, revela o desejo de se livrar da sensação, já que da dor o humano não se livra. (BERLINCK, 1997).

	Descritiva	Psicanalítica
Resumo	Avaliação empática da experiência subjetiva do paciente.	Estudo das raízes do comportamento atual e experiência consciente por meio de conflitos inconscientes.
Terminologia	Descrição de fenômenos.	Processos teóricos demonstrados.
Métodos	Entendimento do estado subjetivo do paciente por intermédio da entrevista empática.	Associação livre, sonhos, transferência.
Diferenças na prática	**1.** Faz distinção entre atendimento e explicação: entendimento pela observação e empatia.	Entendimento em termos de noções de processos teóricos.
	2. A forma e o conteúdo são claramente separados: a forma tem importância para o diagnóstico.	Não é feita distinção; envolvida com o conteúdo.
	3. Processo e desenvolvimento diferenciados: o processo interfere com o desenvolvimento.	Não é feita distinção; sintomas vistos como tendo uma base psicológica inconsciente.

Tabela 1. Psicopatologia Descritiva x Psicopatologia Psicanalítica.

Segundo Nassif (2005), em geral a psiquiatria tradicional tende a reduzir o sofrimento mental aos fatores orgânicos e individuais, desconsiderando a influência das condições sociais sobre a saúde mental. Uma das instâncias sociais muitas vezes, entretanto, o trabalho é negligenciado pela psiquiatria. Sabe-se, entretanto, o quanto este último pode contribuir para o desenvolvimento psíquico, fortalecendo a saúde mental dos trabalhadores, ou, ao contrário, favorecendo a formação de distúrbios que se expressam coletivamente e/ou individualmente através de transtornos psicossomáticos e psiquiátricos.

> (...) as operações fisiológicas que denominamos por mente
> derivam desse conjunto estrutural e funcional e não apenas
> do cérebro: os fenômenos mentais só podem ser
> cabalmente compreendidos no contexto de um organismo
> em interação com o ambiente que o rodeia. O fato de o
> ambiente ser, em parte, um produto da atividade do
> próprio organismo apenas coloca ainda mais em destaque a
> complexidade das interações que devemos ter em conta.
> (DAMÁSIO, 1996 apud Ibidem).

Billiard (1996 apud LIMA, 1998) destaca que a expressão "Psicopatologia do trabalho" surgiu em 1952, como título de um artigo escrito pelo psiquiatra Paul Sivadon. Em seguida, foram publicados dois artigos do também psiquiatra Louis Le Guillant, a respeito da "psicologia do trabalho" e da "Psicopatologia social", em 1952 e 1954 respectivamente. Contudo, desde 1927, o American Journal of Psychiatry (AJP) publica matérias sobre "Psiquiatria Ocupacional", "Saúde Mental Ocupacional" e "Psiquiatria Industrial". Historicamente, podem-se identificar fatos relevantes que precederam ou aconteceram concomitantemente ao surgimento desses primeiros estudos, na França.

Já no período entre guerras, a psiquiatria francesa sofreu transformações ao incorporar os pressupostos freudianos à sua prática. Em 1925, na França, criou-se o "Grupo da Evolução Psiquiátrica", fruto do movimento de mesmo nome, que publicou uma revista com o objetivo de instaurar um espaço de debate sobre psicologia clínica, psicologia geral e psiquiatria, sendo a teoria freudiana o centro da discussão. Entretanto, a psiquiatria dividiu-se entre os adeptos da psicodinâmica e aqueles que a ela resistiam. Transformações político-sociais, científicas e tecnológicas ocorridas posteriormente na França, conduziram a novas perspectivas no desenvolvimento da Psicopatologia do trabalho, principalmente após a II Grande Guerra. Nessa época, tornou-se necessário o desenvolvimento de estudos e técnicas para adaptar o maior número possível de novos trabalhadores em diferentes tarefas, inclusive mulheres, idosos e doentes mentais. Muitos desses últimos, aliás, foram liberados dos hospitais psiquiátricos por falta de condições de sobrevivência nesses estabelecimentos.

Para surpresa dos psiquiatras, no final da Guerra, esses doentes mentais considerados "pacientes crônicos", mostravam-se aptos a retornar à vida familiar e social, assim como a realizar alguma tarefa produtiva. A experiência desses hospitais psiquiátricos proporcionou o desenvolvimento da "Ergoterapia", cujo principal representante foi o psiquiatra Paul Sivadon, adepto da psiquiatria social. A Ergoterapia estabeleceu uma nova forma de abordar o doente mental e permitiu reconhecer o trabalho pelo seu valor de integração social, oferecendo-nos grande contribuição para os estudos na área de saúde mental no trabalho. (POLITZER, 1988 apud NASSIF, 2005).

No entanto, conforme Billiard (1996 apud LIMA, 1998) afirma, é Christophe Dejours o maior representante de um novo campo de pesquisa que começa a se delinear a partir dos movimentos de Maio de 68 na França: aquele que se interessa pela investigação das consequências mentais do trabalho, mesmo quando não surgem doenças mentais propriamente ditas. Para Dejours (1985 apud Ibidem) o objeto de estudo da Psicopatologia do trabalho é, acima de tudo, o sofrimento, mas isto não significa que tudo fique reduzido à constatação desse sofrimento. Trata-se também de realizar uma análise que abrirá possibilidades de transformação dessa realidade. Ele observa que muitas vezes não é possível alcançar um equilíbrio entre as exigências da organização do trabalho e as necessidades tanto fisiológicas quanto psicológicas do trabalhador. Deste conflito emerge um sofrimento que pode ser mais ou menos elaborado e apresentar repercussões mais ou menos acentuadas sobre a saúde mental.

Segundo Dejours, o grande enigma para a Psicopatologia do trabalho não é a doença mental, e sim a normalidade. Isto é, o que importa realmente é compreender as estratégias defensivas (individuais e/ou coletivas) adotadas pelos trabalhadores com a finalidade de evitar a doença e preservar ainda que precariamente seu equilíbrio psíquico. A partir dessa constatação, ele propõe a mudança do nome da disciplina para "Psicodinâmica do Trabalho" argumentando que não foi possível estabelecer uma relação causal entre certos distúrbios psíquicos e certas formas de organização do trabalho. Além disso, considera esta segunda denominação mais adequada na medida em que amplia o campo da investigação, permitindo um olhar para o sofrimento, mas também para o prazer no trabalho.

> Em suma, Dejours não considerava que o trabalho fosse o causador de doenças mentais, podendo no máximo desencadeá-las e, ainda assim, sob certas circunstâncias bastante específicas. Segundo ele, "ao se dar a normalidade como objeto, a psicodinâmica do trabalho abre perspectivas mais amplas que (...) não dizem respeito apenas ao sofrimento, mas também ao prazer no trabalho; não apenas ao homem, mas ao trabalho; não apenas à organização do trabalho, mas às situações de trabalho no detalhe rigoroso de sua dinâmica interna". Além disso, ele afirma que o "desenvolvimento da Psicopatologia do trabalho em direção da psicodinâmica do trabalho está baseado em uma 'descoberta' essencial" que é o reconhecimento de que "a relação entre organização do trabalho e o homem não é um bloco rígido, mas está em contínuo movimento". (DEJOURS, 1985 apud LIMA, 1998).

Considerada como um método de investigação, a Fenomenologia teve como precursor, o filósofo, matemático e lógico Edmund Husserl e quem estabeleceu os principais conceitos e métodos que seriam amplamente usados pelos filósofos desta tradição. Influenciado por Franz Brentano, Husserl idealizou um recomeço para a filosofia como uma investigação subjetiva e rigorosa que se iniciaria com os estudos dos fenômenos, como estes aparentam à mente, para encontrar as verdades da razão. Suas investigações lógicas influenciaram até mesmo os filósofos e matemáticos da mais forte corrente oposta, o empirismo lógico. A Fenomenologia representou uma reação à eliminação da metafísica, pretensão de grande parte dos filósofos e cientistas do século XIX. A característica essencial da fenomenologia não é apontar para nenhuma das verdades constituídas, seja pela ciência, filosofia, religião ou senso comum, e desbancá-las, relegando-as à falsidade, mas assegurá-las em sua condição de verdade, e também de provisoriedade, garantindo-lhes seu status para, imediatamente, as despojar da suposta condição de serem a única verdade. Neste sentido, a fenomenologia aponta na Psicopatologia estabelecida sua condição de verdade provisória, ao mesmo tempo em que acena para, com suporte no exame de aspectos essenciais à própria Psicopatologia ou normalidade, o estabelecimento de perspectivas igualmente verdadeiras sobre o ser homem e seu adoecimento. (KARWOWSKI, 2015).

> Percebe-se, então, que o estudo da Psicopatologia numa perspectiva fenomenológica, antes de oferecer uma posição segura para intervenções nas Psicopatologias, propõe reflexões fundamentais sobre aspectos ontológicos do humano que, integrados na Antropologia Filosófica específica da fenomenologia, permitam elaborações de instrumentos interventivos precisos e afinados com a cotidianidade do ser homem. Talvez, no rigor reflexivo levado a fundo e a termo pelo método fenomenológico, se produzam mais dúvidas do que certezas, mais caminhos possíveis do que vias oficiais, revelando, ele mesmo, sua semelhança com a insegurança e provisoriedade da própria existência humana. Requer, assim, emergência e admissão, nele mesmo, no estudioso de Psicopatologia, daquilo que, como forma de driblar a crueza dos aspectos mais reais da existência, buscava desocultar e mitigar no outro, e que muitas vezes apenas se tornam claras pelo prévio

reconhecimento em si das próprias Psicopatologias. (GOTO, 2008 apud Ibidem).

Karwowski (2015) destaca ainda que, mediante o surgimento da fenomenologia – juntamente com o conceito de intencionalidade – o binômio sujeito-objeto é reunido em sua fundamental constituição, ficando a cargo de Heidegger a inauguração de uma metafísica correspondente ao seu terceiro período histórico, melhor dita como ontologia. Nessa fase da metafísica, o critério de verdade não mais repousa no sujeito ou no objeto em sua independência ou cisão epistemológica, mas na relação originária homem-mundo, identificada como Dasein, condição em que a verdade será ao mesmo tempo constituidora do conhecimento e da realidade a que se refere.

Essa diferença ontológica, entretanto, não se refere apenas à separação entre ente e ser, mas à relação estabelecida entre ente e ser por intermédio do único ente capaz de se perguntar pelo ser, ou seja, o *Dasein*. Constitui-se, logo e assim, no acontecimento do ser, mas também no contexto do ser. É dessa maneira que se estabelecem na filosofia da finitude de *ST* os dois teoremas fundamentais, o círculo hermenêutico e a diferença ontológica (STEIN, 2006 apud KARWOWSKI, 2015).

> A fenomenologia hermenêutica evidencia o fato de que o acesso ao conhecimento científico e seus objetos terá como condição de possibilidade o processo de pré-compreensão, que desde sempre acompanha o ser-aí. A consequência fundamental será a emergência de um

vínculo entre o pensamento e o modo de pensar científico, sustentado pela diferença ontológica. Neste passo, o principal perigo refere-se a cair nas armadilhas da objetificação, possíveis tanto no que se refere à Filosofia quanto no conhecimento científico na referência de seus objetos. Contrastando com o pensamento científico da forma como atualmente estabelecido, os caracteres ontológicos do humano o lançam em outra dimensão que nem a linguagem, tampouco os procedimentos técnicos da ciência alcançam, em decorrência da sua imersão na dualidade e separação homem-mundo. (HEIDEGGER, 1927 apud Ibidem).

Inobstante, a história da psicopatologia fenomenológica começa no início dos anos 1920, com os trabalhos do 'quadruvinrato' fenomenológico: Minkowski, Binswanger, Strauss e Von Gebsattel, que nasce a Psicopatologia fenomenológica. O dia 25 de novembro de 1922 marca o início da Psicopatologia fenomenológica, quando, na 63ª sessão da Sociedade Suíça de Psiquiatria de Zurique, Eugéne Minkowski apresentou um trabalho sobre uma análise fenomenológica de um caso de melancolia esquizofrênica e Ludwig Binswanger proferiu a conferência "Sobre a fenomenologia". Tanto Minkowski, como Binswanger se utilizam, historicamente pela primeira vez, de escritos filosóficos fenomenológicos para pensar a prática clínica. Minkowski se inspirava então em Bergson, e Binswanger em Husserl. (TATOSSIAN & AZORIN, 1984 apud MOREIRA, 2013).

A psicopatologia fenomenológica se inspira na fenomenologia filosófica tal como fundada por Husserl e retomada por Heidegger na Alemanha, bem como por Merleau Ponty e Sartre na França. Mas seria um erro e mesmo um contrassenso de ver a aplicação à psicopatologia de uma doutrina filosófica, quer dizer, de uma teoria. (Ibidem).

Todavia, Depraz (2007 apud FERREIRA, 2009) salienta que a originalidade da fenomenologia husserliana se atém a seu caráter essencialmente descritivo. Em busca das invariáveis de nossa experiência, ela elabora um método eidético que livra a descrição de todo empirismo; em busca do sentido de ser da subjetividade, ela forja um método transcendental de constituição e exime o sujeito de todo o resíduo substancial, fazendo dele um eu operante. Esses dois passos metódicos remetem à execução de uma redução radical do factual e do substancial. O eidético serve de hermenêutica mínima, onde se explicita em categorias descritivas os sentidos da experiência.

A Fenomenologia Husserliana propõe, portanto o estudo dos fenômenos puros ou absolutos, isto é, uma fenomenologia pura. Trata-se de um método derivado de uma atitude, que se presume ser absolutamente sem pressupostos, tendo como objetivo proporcionar ao conhecimento filosófico as bases sólidas de uma ciência de rigor, com evidência apodítica. A fenomenologia implica uma reflexão racional e, portanto, pretende descrever fielmente os fenômenos, considerados como meros aparecimentos na consciência. Não se trata assim de uma descrição dedutiva, passando do efeito à causa para buscar uma significação outra, mais profunda. Proceder assim seria atestar que ainda não se estaria começando pelo fundamento último. A fenomenologia será caracteristicamente analítica ou descritiva, atendendo simplesmente àquilo que se manifesta, fomentando para este efeito uma atitude particularmente apta a apreender a realidade na sua plenitude. (CAPALBO, 1987 apud GONÇALVES, 2008)

> Sem ter a pretensão de negar a realidade do objeto em si, Husserl pretende considerar o objeto imanente em si mesmo, e, por conseguinte, desligá-lo da relação com o objeto em si. Uma das ideias principais da fenomenologia é a de que "toda consciência é consciência de alguma coisa". A intencionalidade da consciência já fora pensada por Brentano. Para a fenomenologia husserliana não há fenômeno que não seja fenômeno para uma consciência, não há consciência sem que ela seja consciência de algo, sem que ela seja determinada como uma certa maneira de visar os objetos, o mundo. Para toda modalidade da consciência intencional temos uma correspondência ou uma certa maneira do objeto se apresentar à consciência. A todo conteúdo visado, a todo objeto (noema), corresponde uma certa modalidade da consciência (noesis). (Ibidem).

Vale ressaltar que existem — pelo menos 16 noções psicopatológicas que — por serem, em sua maioria, originárias do modelo biomédico, permitem a confusão entre elas e facilitam sua fusão numa concepção pouco precisa denominada muitas vezes de clássica, contribuindo para que escapem suas nuances e diversificações. Assim é que Ionescu (1995 apud KARWOWSKI, 2015) cataloga 14 perspectivas de Psicopatologia, ou 14 maneiras distintas de se compreender e tentar abordar a doença mental:

1. Psicopatologia Ateórica;
2. Psicopatologia Behaviorista;
3. Psicopatologia Biológica;
4. Psicopatologia Cognitivista;
5. Psicopatologia Desenvolvimental;
6. Psicopatologia Ecossistêmica;
7. Etnopsicopatologia;
8. Psicopatologia Etológica;
9. Psicopatologia Existencialista;
10. Psicopatologia Experimental;
11. Psicopatologia Fenomenológica;
12. Psicopatologia Psicanalítica;
13. Psicopatologia Social;
14. Psicopatologia Estruturalista.

Posteriormente, Moreira & Sloan (2002 apud Ibidem), com propósito distinto, apontam para cinco noções de Psicopatologia, a saber:

1.1. Psicopatologia Geral;
1.2. Psicopatologia Fundamental;
1.3. Etnopsicopatologia;
1.4. Psicopatologia Social;
1.5. Psicopatologia Crítica.

Dessa forma, podem então ser considerados, com base no exame da categorização proposta por alguns autores, assim como com arrimo na exposição dos paradigmas de patologia ora expostos, os seguintes pontos:

a) A atual noção de Psicopatologia é, senão pertinente, relacionada a um status de patologia eivado de dicotomias ou mesmo antinomias, dentre elas e, por exemplo, a cisão corpo-mente;

b) A última autora citada conserva três noções anteriores citadas por Ionescu, e acrescenta ainda outras duas, somando-se então e, como dito, 16 perspectivas acerca da Psicopatologia, o que demonstra a possibilidade de surgimento de ainda outras;

c) Não há uma noção de Psicopatologia suficiente para agrupar, suplantar ou integrar as anteriores;

d) As atuais elaborações realizadas pela ciência não conseguiram integrar as noções psicopatológicas, provavelmente em decorrência da noção multifacetada do que é o homem, pois, cada ciência tenta adotar a noção de homem que lhe dê o lugar mais privilegiado para assim construir seu conhecimento;

e) A Psicopatologia fenomenológica, objeto deste trabalho, está inserida dentro do rol de noções citadas e também não parece representar a suficiência mencionada no ponto c.

Seja como for, os elementos da Psicopatologia, as manifestações do pathos, constituem os princípios presentes nos estudos, pesquisas e tratamentos do psicopatológico, sejam eles feitos pela psiquiatria ou pela psicologia. Entretanto, por não haver uma rede significante única, uma trama discursiva última que acolha os elementos básicos da Psicopatologia, o fenômeno patológico foi repartido em uma pluralidade de metapsicopatologias. Revela-se necessário que os pressupostos básicos da Psicopatologia sejam submetidos a indagações sobre suas condições de possibilidades. Isto significa que devem ser objeto de uma ciência primeira, conforme o psicanalista francês Pierre Fédida denominou de Psicopatologia Fundamental: uma Psicopatologia Primeira, convocada a dar conta da interdisciplinaridade e da transdisciplinaridade inseridas nas Psicopatologias atuais (BERLINCK, 1997 apud CECCARELLI, 2005).

> A noção de fundamental deve ser compreendida no sentido de uma "fundamentalidade", uma "intercientificidade dos objetos conceituais". Trata-se de um projeto de natureza intercientífica, onde a comparação epistemológica dos modelos teórico-clínicos e de seu funcionamento propiciaria a ampliação do limite e da operacionalidade de cada um destes modelos e, consequentemente, uma transformação destes últimos. A Psicopatologia Fundamental é o fórum de toda a metapsicopatologia. A preocupação central da Psicopatologia Fundamental consiste na redefinição do campo do psicopatológico. Ela propõe uma reflexão crítica dos modelos existentes e uma discussão dos paradigmas que afetam nossos objetos de pesquisa, nossas teorias e nossas práticas. A Psicopatologia Fundamental reconhece e dialoga com outras leituras presentes na polis psicopatológica. (Ibidem).

A Psicopatologia Fundamental, cujo campo conceitual é o da psicanálise, organiza-se em torno do conceito de *Patei Mathos Esquileano*: que consiste naquilo que o sofrimento ensina. Trata-se de resgatar o pathos, como paixão, e escutar o sujeito que traz um discurso único a respeito de seu pathos, transformando aquilo que causa sofrimento em experiência, em ensinamento interno.

Transformar o pathos em experiência significa, também, considerá-lo não apenas como um estado transitório, mas como "algo que alarga e/ou enriquece o pensamento". Cria-se um discurso sobre as paixões, sobre a passividade, sobre o sofrimento, enfim, sobre o sujeito trágico.

Dessa forma, a essência de Psicopatologia mostra-se voltada no conhecimento da paixão, do sofrimento psíquico. O pathos, em si, nada ensina, não conduzindo senão à morte. Quando a experiência é, ao mesmo tempo, terapêutica e metapsicológica, estamos no âmbito da Psicopatologia Fundamental. Por entender a questão páthica, as paixões, como uma dimensão inerente do Ser, a Psicopatologia Fundamental sustenta que se crie uma Psicopatologia própria a cada sujeito, que lhe permitirá transformar em experiência as manifestações de seu pathos; isto é, que lhe permita, via transferência, refazer seus caminhos pulsionais e suas escolhas objetais. (BERLINCK, 1997 apud CECCARELLI, 2005).

É importante frisar que não se trata de uma interdisciplinaridade, mas de uma transdisciplinaridade, pois campos diferentes, cada qual com métodos, procedimentos e objetivos próprios não se comunicam facilmente. A transdisciplinaridade reúne, em uma ampla rede de significações, os conhecimentos específicos e singulares de cada modelo em torno de uma concepção ética comum aos diferentes saberes. Isso possibilitará a existência deum campo discursivo que produza interações e leve a construções metafóricas. Embora a Psicopatologia Fundamental não dispense os saberes construídos por outros discursos para a compreensão do adoecer psíquico, ela não está tão interessada na descrição e classificação da doença mental, mesmo porque essa noção vem apresentando grandes transformações. Para a Psicopatologia Fundamental, o pathos manifesta uma subjetividade que é capaz, através da expressão em palavras, de transformar a paixão em experiência, servindo para a existência do próprio sujeito. O diagnóstico, para a Psicopatologia Fundamental, é apenas um recurso para orientar a escuta e balizar o caminho, e não um instrumento classificatório-ideológico a ser utilizado para definir, a priori, uma organização ou uma estrutura na qual o sujeito deva ser encaixado; e menos ainda, um discurso que contribua para a cronificação do sofrimento e/ou discriminação do sujeito. (BERLINCK, 1997 apud Ibidem).

3. Consciente & inconsciente x Cérebro & mente

A consciência pode ser definida como um estado em que o indivíduo está ciente em relação a si próprio e ao meio que o rodeia. Depende do bom funcionamento das seguintes funções: atenção; memória; orientação; percepção e pensamento. Podemos, portanto, afirmar que a pessoa está inconsciente quando não existe uma experiência subjetiva de consciência, o que pode acontecer em casos de doença cerebral ou durante o sono.

A fenomenologia não pode estar envolvida com o inconsciente, visto que o paciente não pode descrevê-lo, e, portanto, o médico não pode sentir empatia. A psicopatologia descritiva não possui uma teoria do inconsciente, nem nega sua existência. A mente inconsciente está simplesmente fora de seus termos de referência, e eventos psíquicos são descritos sem se recorrer a explicações que envolvam o inconsciente. Os sonhos, os conteúdos do transe hipnótico e os deslizes da língua (atos falhos) são descritos de acordo com o modo como o paciente experienciou-os, isto é, de acordo com a forma como se manifestam na consciência.

René Descartes examinou, formulou e reafirmou pontos de vista sobre a separação entre corpo e mente. Ele descreveu "L'âme raisonable" – a alma que pensa está alojada na máquina, tendo sua sede principal no cérebro. Ele descreveu a alma como o engenheiro que alterava os movimentos da máquina, o corpo. Descartes foi um homem de seu tempo, refletindo e desenvolvendo concepções dicotômicas da relação cérebro-mente. Um exemplo deste dualismo cartesiano, que ocorreu antes mesmo de Descartes, é a seguinte inscrição obituária para Lady Doderidge, que teria morrido em 1614:

> "Como quando um relógio estragado é desmontado um relojoeiro toma suas pequenas peças e consertando o que encontra fora de ordem reúne tudo e o faz novamente operar também Deus esta dama tomou e suas duas partes separou demasiado cedo – sua alma e seu pobre corpo mortal. Mas, por sua vontade seu corpo totalmente são será novamente unido à sua alma agora coroada. Até então, os dois repousam na terra e no céu separados com o que reuniu tudo o que tem vida nós então nos regozijamos".

Esta clara afirmação de uma absoluta separação entre corpo e alma encontra-se em seu túmulo, que pode ser visitado na Catedral de Exerter. É proveniente deste dualismo a nossa tendência de pensarmos em termos do corpo e da mente – doença mental e física. A disciplina total da psiquiatria aceita tacitamente uma base dualística para sua própria existência, apesar de se ressentir disto e tentar duramente ensinar uma medicina da pessoa como um todo. Nossa linguagem continuamente nos leva de volta a palavras e expressões dualísticas, e estamos constantemente sob o perigo de uma psiquiatria "descerebrada" ou então "sem mente" (EISENBERG, 1986 apud SIMS, 2001).

Neste aspecto, o método fenomenológico apresenta a vantagem de ser uma ponte sobre este abismo, de outro modo intransponível. Uma vez que se preocupa com a experiência subjetiva, está envolvido com a mente e não com o corpo, mas a mente pode somente perceber os estímulos que o corpo recebeu, e não pode haver percepção sem a consciência da mente. "O corpo não é somente um mecanismo causado, mas essencialmente uma entidade intencional sempre dirigida a um objetivo. O corpo vivido é a experiência de nosso corpo que não pode ser objetivada".

O termo mente não pretende representar algum homúnculo psicológico dentro do homem, talvez virado de cabeça para baixo, como no córtex cerebral. Ela é puramente uma abstração, que se refere a um aspecto de nossa humanidade. Como qualquer outro aspecto ou perspectiva, o que é mantido em foco é razoavelmente claro, mas as margens do campo são indefinidas e, portanto, não podemos dizer o que, precisamente, quais são os confins da mente, assim como nem podemos discriminar completamente o corpo e a mente, nem diríamos que a humanidade é completamente explicável em termos de corpo e mente. (GOLD, 1985 apud SIMS, 2001).

De acordo com Zizek (2010 apud AMARO e SASS, 2013), com o intuito de situar o inconsciente na história da Europa moderna, Freud, um século atrás, desenvolveu a ideia das três sucessivas humilhações do homem, as três "doenças narcísicas", como ele as nomeou. Assim, inicialmente Copérnico demonstrou que a terra girava em torno do sol e nos privou do lugar central no universo. Em seguida, Darwin demonstrou nossa origem da cega evolução, privando-nos de um lugar privilegiado entre os seres vivos. Por fim, quando o próprio Freud deu luz ao papel predominante do inconsciente nos processos psíquicos, ele nos mostrou que nosso eu não é o ser absolutamente mandante nem mesmo em sua própria casa. Uma centena de anos depois, um quadro mais extremado está surgindo: os últimos avanços científicos parecem acrescentar uma série de humilhações adicionais à narcísica imagem do ser humano. Nossa mente em si mesma é simplesmente uma máquina de cálculos para processamento de dados, sendo que o nosso senso de liberdade e autonomia é fruto de uma ilusão do usuário dessa máquina. Portanto, em relação às ciências do cérebro que atualmente vem recebendo destaque, a própria psicanálise, longe de ser subversiva, parece antes pertencer ao tradicional campo humanista ameaçado pelas últimas humilhações.

Ainda sobre os conceitos freudianos, Hermann (2008 apud AMARO e SASS, 2013) complementa que a estrutura de uma análise é uma estrutura de ficção. Esse ponto é de grande genialidade, pois Freud foi capaz de rever a importância dada à realidade concreta e material, tal como se colocava na teoria do trauma, e formular a noção de realidade psíquica. Não interessa se o que se diz aconteceu de fato ou se é consequência de uma fantasia inconsciente. O acento não recai sobre a veracidade dos fatos, mas sim naquilo que um conteúdo expressa algo de uma verdade singular, já que ele exprime a realidade psíquica de um sujeito. Desse modo, a ideia de uma construção em análise como estrutura de ficção condiz com uma importante formulação acerca da direção do tratamento – a de localizar o sujeito diante da sua fantasia inconsciente diante daquilo que lhe causa desejo.

> Havia séria contradição na teoria psicanalítica. Freud havia postulado uma base fisiológica para a sua psicologia do inconsciente, mas ainda não havia sinais dela. A sua teoria do instinto era o primeiro passo nessa direção. Visava-se também a um contato com a patologia médica ortodoxa. Gradualmente, evidenciou-se uma tendência que critiquei uns dez anos mais tarde como uma 'psicologização do fisiológico' e que culminou empregando a teoria do inconsciente em interpretações psicologísticas e não científicas de processos somáticos [...] A controvérsia entre a explicação psicanalítica das enfermidades psíquicas, de um lado, era violenta. 'Psicogênico' e 'somático' eram antíteses absolutas. Os psicanalistas jovens que trabalhavam no campo da psiquiatria tinham de encontrar, de qualquer maneira, o seu caminho no meio dessa confusão. A ideia de que as enfermidades psíquicas teriam 'causas múltiplas' oferecia algum alívio no meio das dificuldades. (REICH, 2004 apud Ibidem).

As teorias de corpo-mente, juntamente com suas relações com a psiquiatria foram bem resumidas por Granville-Grossman (1983). A mente é usada, daqui por diante, como uma abstração, um modo de observarmos parte dos fenômenos do homem. Esses temas são abordados resumidamente neste artigo, onde a finalidade foi a de um olhar sobre a doença, e não a dissecação da mente – "o estudo das características distintivas pelas quais se manifestam" (Pinel, 1801). Este artigo descreveu o que é a fenomenologia e por que ela é útil na psiquiatria clínica. O método concentra-se na experiência subjetiva do paciente – tentar compreender seu próprio estado interno. Várias constelações de ideias foram discutidas, e os conceitos foram listados em pares, como construtores; assim como o modo pelo qual a população psiquiátrica difere de uma população normal.

> As ideias básicas para o atendimento dos sintomas do paciente são elaboradas usando-se o método de empatia e significado do comportamento, ou seja, a compreensão e a explicação dos eventos psíquicos. O comportamento do paciente é analisado, adicionalmente, em termos de forma e conteúdo, avaliação subjetiva e objetiva. As posições teóricas da psicopatologia descritiva foram discutidas e comparadas com métodos psicanalíticos e com o enfoque biológico da doença mental. O conceito de mente foi brevemente discutido. (EISENBERG, 1986 apud SIMS, 2001).

4. Normalidade x Anormalidade

A palavra normal é derivada – tanto do grego *Nomos* quanto do latim *Norma* – que significavam *Lei*. Surgiu no século XVIII, em 1759, significando aquilo que não se inclina nem para a direita, nem para a esquerda, e que se conserva num justo meio-termo. Um objeto ou fato normal se caracteriza por ser tomado como ponto de referência em relação a objetos ou fatos ainda à espera de serem classificados como tal. O sentido da norma era existir, fora dela, algo que não correspondesse à sua exigência. Normalizar seria impor uma exigência a uma existência. O anormal, do ponto de vista lógico, deve ser posterior à definição do normal designando a negação deste. A partir das reformas da instituição pedagógica e da instituição sanitária, o termo normal passou a ser utilizado pelo povo, significando o estado de saúde orgânica e o protótipo escolar, conforme o indício de que a escola normal era aquela que ensinava a ensinar. (CANGUILHEM, 1943 apud ALMEIDA-FILHO, COELHO &. PERES, 1999).

A palavra normal é usada corretamente no mínimo em quatro sentidos na língua inglesa. Estes consistem das normas de valor, estatística, individual e tipológica. O termo "normal" passa a ser usado indevidamente quando substitui injustificavelmente as palavras usual ou usualmente. A norma de valor tem o ideal como seu conceito de normalidade. Assim, a afirmação "é normal ter dentes perfeitos" está usando a palavra normal em sentido de valor – na prática, a maioria das pessoas tem, no mínimo, algum problema com seus dentes. A norma estatística, naturalmente, é o uso preferencial que a palavra retém no vocabulário científico. O anormal é considerado aquele que fica fora da faixa média. Se um indivíduo inglês normal, por exemplo, mede 1m80cm, ter 1m60cm ou 1m90cm é estatisticamente anormal. (MOWBRAY et al., 1979 apud SIMS, 2001).

> A **Norma Individual** é o nível consistente de funcionamento que um indivíduo mantém ao longo do tempo. Após uma lesão cerebral, uma pessoa pode experimentar um declínio na inteligência, que é certamente uma deterioração de seu nível individual prévio, mas tal diminuição pode não representar qualquer **Anormalidade Estatística** (p.ex.; uma diminuição no QI de 125 para 105). A **Anormalidade Tipológica** é um termo necessário para descrever a situação em que uma condição é considerada como normal em todos os três significados anteriormente citado e, contudo representa anormalidade, talvez mesmo uma doença. Assim, possuir a doença é considerado normal em sentido de valor, estatístico em individual, e ainda assim é patológico. (Ibidem).

Na discussão de saúde e normalidade, é importante apontar as generalizações perigosas que surgem quando o psiquiatra, normalmente contra sua vontade, é colocado na posição de perito na conduta total da vida. Não podemos extrapolar do anormal para o normal; eles tendem a não estar situados em uma linha contínua, mais em vez disso, são qualitativamente diferentes. Devido ao conhecimento detalhado dos processos psíquicos anormais e sintomas e seu manejo, o psiquiatra não é necessariamente, também, um perito em educar filhos ou em dar uma receita para uma mente tranquila. (HEGENBERG, 1998).

O conceito de normalidade em Psicopatologia é uma questão de grandes controvérsias, pois a normalidade pode variar, e muito, com a cultura, a ideologia e a vivência de cada indivíduo. É óbvio que quando se trata de casos extremos, onde as alterações comportamentais e mentais são de intensidade acentuada e de longa duração, o delineamento das fronteiras entre o normal e o patológico não é tão problemático. Por outro lado, há muitos casos nos quais a delimitação entre o normal e o patológico é bastante difícil. Pode-se dizer, de uma maneira geral, que há vários critérios de normalidade e anormalidade em Psicopatologia, e a adoção de um ou de outro depende, entre muitas coisas, das opções filosóficas, ideológicas e pragmáticas do profissional, além de variarem consideravelmente em função dos fenômenos específicos com os quais trabalhamos. (DALGALARRONDO, 2000).

> O comportamento psicopatológico consiste em um caleidoscópico conglomerado de sintomas de configuração e duração variáveis. Em essência, estes sintomas não são mais do que variações identificáveis na forma e no conteúdo do discurso e nos padrões de motilidade do paciente. Por isso, uma pura descrição "fenomenológica" dessas variações é raramente (ou nunca) alcançada na prática clínica; a situação mais comum é de interpretação superficial em termos de sistemas compartilhados de pistas sociais. Sintomas psicopatológicos têm, portanto, dois componentes: uma fonte biológica (uma disfunção), que engendra um deslocamento do comportamento, e um

aspecto psicossocial que diz respeito à interpretação do deslocamento comportamental pelo próprio paciente e pelos demais. O "ruído" psicossocial, associado a cada sintoma, pode variar de estados em que ele é muito acentuado, tal como nos sintomas de interação como a manipulação até disfunções comportamentais que são manifestações estereotipadas de disfunção de estrutura (*hardware*) como a própria desorientação. (MACKENZIE et al., 1978 apud BERRIOS, 2012).

De acordo com Barlow & Durand (2008) o transtorno psicológico ou comportamento anormal é uma disfunção psicológica que ocorre em um indivíduo e está associada com angústia, diminuição da capacidade adaptativa e apresenta uma resposta que não é culturalmente aceita. Jaspers (2003) enumera ainda o que deve ser entendido como enfermidade:

1. Processos somáticos;

2. Acontecimentos graves que causam ruptura com a vida até então considerada sã;

3. Desvios grandes em relação ao normal estatístico e visto como indesejados pelo afetado ou seu meio.

Segundo Leonhard (1997 apud SALLET e GATTAZ, 2002) as *Falsificações Sensoperceptivas* podem ser explicadas pela simbolização das representações. Em geral há uma forma singular de perturbação do pensamento abstrato: os pacientes mantêm a crítica para os acontecimentos do dia-a-dia e mostram-se adequados, mas falham nas tarefas que exigem abstração. As *Alterações Sensoperceptivas* também são características na alteração de humor e podem abranger todas as áreas do sentido, embora prevaleçam as alucinações auditivas. Entretanto, ainda que na excitação os doentes possam xingar contra as vozes, tal como os doentes paranoides, posteriormente eles sempre demonstram um claro juízo do caráter patológico das mesmas.

BRITTO (2004) acentua que a discussão sobre juízo para fins psicopatológicos são tomados como base os juízos de realidades, principalmente pelo fato dos juízos de valores serem definidos sócio-historicamente. Dessa forma, uma patologia do juízo será sempre uma alteração no juízo de realidade. Um termo traduzido da palavra alemã *Wahn* (ou *Wahsinn*) que se refere a uma síndrome constituída por um conjunto de ideias mórbidas que traduzem uma alteração fundamental do juízo, no qual o doente crê com uma convicção inabalável. No delírio, por exemplo, os mecanismos associativos do indivíduo desviam-se da realidade ou da lógica, podendo conduzir a juízos e raciocínios anormais, levando à produção de alucinações, percepções delirantes e ideias delirantes.

Concernente ao juízo de realidade e suas alterações Dalgalarrondo (2000) pontua que se refere a mais uma das funções psíquicas. "Pelos juízos afirmamos nossa relação com o mundo, discernimos a verdade do erro, asseguramo-nos da existência ou não de um objeto perceptível, assim como distinguimos uma qualidade de outra qualidade". As alterações do juízo de realidade são também alterações do pensamento. A principal alteração do juízo de realidade é o delírio. O delírio são juízos patologicamente falseados. Deve-se pensar o delírio como uma construção. Tal construção está inserida num processo de reorganização do funcionamento mental; o esforço que o aparelho psíquico do paciente empreende no sentido de lidar com a desorganização que a doença de fundo produz.

Jaspers (2003 apud IORIO, 2005) define o delírio com sendo um juízo patologicamente falseado e que deve, obrigatoriamente, apresentar três características fundamentais:

1) Uma convicção subjetivamente irremovível e uma crença absolutamente inabalável com impossibilidade de se sujeitar às influências de quaisquer argumentações da lógica;

2) Um pensamento de conteúdo impenetrável e incompreensivo psicologicamente para o indivíduo normal;

3) Uma representação sem conteúdo de realidade, ou seja, que não se reduz à análise dos acontecimentos vivenciais.

O delírio é idiossincrático, onde sua produção é extremamente particular, uma convicção de um homem só, não compartilhado por nenhum grupo religioso, político, social ou cultural, onde esse indivíduo passa a produzir seus próprios símbolos individuais. Kendler e colaboradores (1983 apud Ibidem) propuseram uma série de dimensões ou vetores da atividade delirante, que seriam indicadores da gravidade desse delírio:

a) Convicção;
b) Extensão;
c) Bizarrice;
d) Desorganização;
e) Pressão;
f) Resposta afetiva;
g) Comportamento desviante.

Afetividade é um termo genérico, compreende várias modalidades de vivências afetivas como o humor, as emoções e os sentimentos. Quanto às alterações patológicas da afetividade Dalgalarrondo (2000) destaca:

1. Distimia: alteração básica do humor, tanto no sentido da inibição, quanto no sentido de exaltação;

2. Humor triste ou ideação suicida: frequentemente com o humor depressivo, acompanhado de desesperança e muita angústia, onde ocorrem pensamentos relacionados à morte; ideias, atos e planos suicidas, além de tentativas reais de suicídio;

3. Disforia: é uma distimia que se acompanha de uma tonalidade afetiva desagradável. Quando se fala de depressão disfórica, refere-se a um tipo de depressão acompanhada de um forte conteúdo de irritação, amarguras, desgosto ou agressividade.

4. Elação: seria uma espécie de sensação de grandeza patológica sentida pelo indivíduo;

5. Puerilidade: é uma alteração de humor que se caracteriza por seu aspecto infantil, onde o indivíduo ri ou chora por motivos considerados banais, e sua vida afetiva, pode ser tornar ausente de afetos profundos;

6. Moria: assemelha-se á puerilidade, entretanto, não com origem psicogênica, e sim orgânica, provocada por lesões extensas dos lobos frontais, em deficientes mentais e em quadros demenciais acentuados;

7. Estado de êxtase: caracteriza-se por uma sensação do seu eu com o todo; um compartilhamento íntimo do estado afetivo com o mundo exterior, muitas vezes com um colorido hipertímico. Na maioria das vezes é considerada apenas como um fenômeno cultural;

8. Irritabilidade patológica: é quando o doente reage prontamente de forma disfórica a qualquer estímulo por menor que ele seja o mesmo;

9. Ansiedade: é uma apreensão negativa com relação ao futuro e uma inquietação interna desagradável, no qual se acresce manifestações somáticas e fisiológicas;

10. Angústia: sensação de aperto no peito e na garganta, de compressão e afogamento. Assemelha-se a ansiedade, mas tem uma conotação mais corporal e é mais relacionada ao passado;

11. Medo: diferencia-se da ansiedade e da angústia, pois se refere a um objeto mais ou menos preciso;

12. Apatia: ocorre geralmente quando o indivíduo não vivencia nenhum tipo de afeto, não podendo sentir alegrias, tristezas ou raivas;

13. Hipomodulação do afeto: é a incapacidade do indivíduo de modular a resposta afetiva de acordo com a situação existencial;

14. Inadequação do afeto ou paratimia: reação completamente incongruente a situações existenciais ou a determinados ideativos;

15. Pobreza de sentimentos e distanciamento afetivo: é a perda progressiva e patológica das vivências afetivas, com um empobrecimento relativo à possibilidade de vivenciar alternâncias e variações afetivas;

16. Embotamento afetivo e devastação afetiva: é a perda profunda de todo tipo de vivência afetiva, e difere da apatia, pois a mesma é subjetiva; já no embotamento afetivo, esse quadro de desinteresse afetivo é observável e constatável pela postura do paciente;

17. Sentimento de falta de sentimento: é a vivência de incapacidade para sentir emoções;

18. Anedonia: é a incapacidade total ou parcial de obter prazer com determinadas atividades antes aprazíveis;

19. Labilidade afetiva (incontinência afetiva): é quando ocorrem mudanças abruptas e inesperadas de um estado afetivo para outro, onde o indivíduo pode estar bem humorado num momento e em poucos instantes, começar a chorar e novamente voltar a sorrir depois de algum tempo;

20. Ambivalência afetiva: são sentimentos opostos em relação a um mesmo estímulo ou objeto simultaneamente;

21. Neotimia: são sentimentos e experiências afetivas inteiramente novas vivenciadas pelo indivíduo. Afetos muito estranhos e bizarros para a própria pessoa que o experimenta;

22. Medo: não é considerado uma patologia. É um estado de progressiva insegurança e angústia, impotência e invalidez crescentes, ante a impressão de que sucederá algo que queríamos evitar.

23. Fobias: são medos psicopatológicos, desproporcionais e incompatíveis com as possibilidades de perigo real oferecidos pelos objetos do mundo exterior;

24. Pânico: o pânico se caracteriza por uma reação de medo intenso, de pavor relacionado geralmente ao perigo imaginário de morte, descontrole ou desintegração.

Existem também algumas emoções e sentimentos considerados normais e que podem ter implicações psicopatológicas, dependendo da intensidade, como por exemplo, o ciúme e a inveja.

> Entende-se por surto psicótico um estado mental agudo caracterizado por grave desorganização psíquica e fenômenos delirantes e/ou alucinatórios, com perda do juízo crítico da realidade. A capacidade de perder a noção do que é real e do que é fantasia, criação da mente da própria pessoa, é um aspecto muito presente nos quadros agudos da esquizofrenia. A pessoa adoecida pode criar uma realidade fantasiosa, na qual acredita plenamente a ponto de duvidar da realidade do mundo e das pessoas ao seu redor. Fala-se em Percepção Delirante quando o paciente atribui à uma percepção normal da realidade um significado anormal sem que para isso, existam motivos compreensíveis. Não existe, neste caso, uma verdadeira alteração da percepção, mas é a interpretação dessa percepção que sofre um juízo crítico distorcido e patológico. (BARBOSA, 2000 apud Ibidem).

Dalgalarrondo (2000) divide as funções psíquicas em: consciência, atenção, orientação, vivências do tempo e do espaço, sensopercepção, memória, afetividade, vontade e psicomotricidade, pensamento, juízo de realidade, linguagem. Além das funções psíquicas compostas, que são consciência e valoração do eu, esquema corporal e identidade, personalidade e inteligência. Definiu a sensação como o fenômeno elementar gerado por estímulos físicos, químicos ou biológicos variados, originados de fora para dentro do organismo, que produzem alterações nos órgãos receptores, estimulando-os. Já por percepção entende-se a tomada de consciência de um estímulo sensorial.

De acordo com Ballone (2005) a sensopercepção é a instância psíquica através da qual apreendemos o mundo externo, utilizando-nos de diversas variedades de estímulos, sendo esses visuais, táteis, auditivos, olfatórios ou gustativos. É a sensopercepção que permite a aquisição dos elementos do conhecimento procedente do mundo exterior e do mundo interior, orgânico e psíquico. Ela requer a participação dos cinco sentidos externos (olfato, tato, visão, audição e paladar), dos sentidos internos (cenestésico, cinético e de orientação) e a percepção do mundo mental pela consciência.

Esse mesmo autor salienta ainda que a sensação é o elemento primário da sensopercepção. É o registro, na consciência, da estimulação produzida em qualquer dos aparelhos sensoriais. Elas podem ser externas (refletem propriedades e aspectos isolados das coisas e fenômenos que se encontram no mundo exterior) e internas (refletem os movimentos de partes isoladas do nosso corpo e o estado dos órgãos internos). As sensações internas são de 3 tipos:

1. Motoras ou cinéticas (nos orientam sobre os movimentos dos membros e do nosso corpo);

2. De equilíbrio (provém da parte interna do ouvido e indicam a posição do corpo e da cabeça);

3. E orgânicas ou proprioceptivas (se originam nos órgãos internos).

A percepção, todavia, relaciona-se diretamente com a forma da realidade apreendida, ao passo em que a sensação se relacionaria aos fragmentos esparsos dessa mesma realidade. Ao ouvirmos notas musicais, por exemplo, estaríamos captando fragmentos, mas a partir do momento em que captamos uma sucessão e sequência dessas notas ao longo de uma melodia, estaríamos captando a forma musical. Sendo assim, existem três estágios de percepções:

1.1 A percepção anterior à realidade consciente é a percepção despojada de toda e qualquer subjetividade, é a objetividade pura. Ela é anterior a toda e qualquer interpretação, anterior a toda e qualquer compreensão e anterior a toda e qualquer significação. Ela permite a experiência da própria percepção em estado puro. Ela é radicalmente exterior ao sujeito, é a percepção do mundo exterior objetivo por excelência. É uma sensação vazia de subjetividade.

1.2 A percepção que se transforma na realidade consciente é a percepção cuja objetividade já remete à uma subjetividade ou à um significado consciente real. Ela não se permite circunscrever apenas ao mundo exterior e passa a pertencer ao mundo interior do sujeito. Trata-se da ponte que une o objeto ao sujeito (o mundo objetal ao sujeito), tal como uma porta que introduz o mundo exterior para dentro da subjetividade. Entretanto, esta percepção que se transforma na realidade consciente é somente uma porta de entrada, e é sempre ao mesmo tempo uma passagem do objeto ao sujeito, é tanto a porta quanto o trânsito através dela, e sempre no sentido que conduz da percepção à subjetividade.

1.3 A percepção posterior à realidade consciente é a percepção que não contém propriamente uma nova subjetividade, mas toca nela a partir de estímulos atuais. Ela reforça a subjetividade pré-existente e a partir dela, constrói novos elementos subjetivos.

Portanto, enquanto a sensação oferece à pessoa o fundamental da realidade, na percepção esse fundamental se organiza de acordo com estruturas específicas, conferindo originalidade pessoal à realidade apreendida. A partir da percepção que se transforma na realidade consciente, o sujeito passa a oferecer às suas sensações um determinado fundo pessoal sobre o qual se assentarão as demais futuras sensações.

Alonso-Fernandes (1972 apud BALLONE, 2005) destaca ainda que a capacidade da pessoa perceber a realidade à sua volta e que se faz através dos cinco sentidos, pode sofrer alterações através de duas bases distintas; uma base estritamente orgânica, referente à integridade do sistema sensorial e cujas vias pertencem à neurofisiologia e; uma base psíquica compreendida pelos elementos emocionais envolvidos na consciência da realidade. Há autores que preferem considerar verdadeiros distúrbios da sensopercepção somente aqueles possuidores de uma base orgânica. De fato, para a integridade da sensação há necessidade de três elementos:

1. Receptores periféricos suficientemente íntegros para receber os estímulos provenientes do ambiente;

2. Integridade dos nervos periféricos aferentes que conduzem estes estímulos periféricos ao SNC;

3. Integridade dos centros corticais no sistema nervoso central que recebem estes estímulos procedentes do exterior e processa-os em linguagem cognitiva.

Quanto as Alterações Quantitativas da Sensopercepção, Dalgalarrondo (2000) destaca:

a) Hiperestesia: onde as percepções estão anormalmente aumentadas, no qual os sons são ouvidos de forma muito amplificada, as cores tornam-se mais vivas e intensas e ocorre nas intoxicações por alucinógenos, em algumas formas de epilepsia, enxaqueca, esquizofrenia e em alguns quadros maníacos;

b) Hipoestesia: é o inverso da hiperestesia. As percepções estão anormalmente diminuídas. É observada em alguns pacientes depressivos, no qual o mundo é percebido como mais escuro, sem brilho, os alimentos não têm mais sabor e os odores perdem a sua intensidade.

As Alterações Qualitativas da Sensopercepção, por sua vez, compreendem as ilusões, as alucinações, a alucinose e a pseudoalucinação.

1. Ilusão: é a percepção deformada de um objeto real e presente. As ilusões mais comuns são as visuais, onde o paciente, em geral, vê pessoas, monstros e animais a partir de estímulos visuais como móveis, roupas ou objetos pendurados na parede. Outro tipo de ilusão muito frequente, principalmente em esquizofrênicos, é a ilusão auditiva, na qual a partir de estímulos sonoros inespecíficos, o paciente ouve o seu nome, palavras significativas e principalmente chamamentos depreciativos;

2. Alucinações: é a vivência de percepção de um objeto, sem que o mesmo esteja presente, ou seja, é a percepção clara e definida de um objeto (voz, ruído, imagem) sem a presença do objeto estimulante real.

2.1 Alucinações Auditivas: é o tipo de alucinação mais frequente, principalmente em esquizofrênicos, denominada também de audioverbal, na qual o paciente escuta vozes sem qualquer estímulo (som) externo real. Geralmente essas vozes são perseguidoras, xingativas e de conteúdo depreciativo. Em alguns casos, as vozes ordenam que o paciente mate ou se suicide (vozes de comando), ou comentam as suas atividades corriqueiras (vozes que comentam a ação). Pode ocorrer também, muito próximo das alucinações auditivas, o fenômeno denominado sonorização do pensamento, eco do pensamento e a publicação do pensamento.

a) A **sonorização do pensamento** é muito próxima ao eco do pensamento e pode ser de duas maneiras: *A sonorização do próprio pensamento*, onde o paciente ouve o próprio pensamento no mesmo momento em que o pensa; *A sonorização do pensamento como vivência alucinatório-delirante*, que são pensamentos no qual o paciente ouviu, ou seja, depois de pensados, ele tem a nítida sensação de que os mesmos foram introduzidos em sua cabeça por outra pessoa, mas que não é real, e agora são ouvidos por ele;

b) No eco do pensamento, o paciente ouve o seu pensamento pouco depois de tê-lo pensado;

c) Na publicação do pensamento, o indivíduo tem a nítida sensação de que as pessoas ouvem o que ele pensa no mesmo momento em que ele está pensando.

2.2 Alucinações Musicais: é uma alucinação rara, curiosa e intrigante. É descrita como a audição de tons musicais e melodias sem o correspondente estímulo interno.

2.3 Alucinações Visuais: são visões nítidas que o paciente experimenta, sem a presença de estímulos visuais reais. Podem ser *Fotopsias*, quando o paciente vê cores, bolas, pontos brilhantes. Complexas onde o paciente vê figuras, imagens de pessoas (vivas ou mortas), demônios, santos etc. Podem ser ainda do tipo *Cenográficas*, quando a pessoa visualiza cenas completas de um acontecimento, ou *Liliputiana*, onde o indivíduo passa a enxergar personagens entre os objetos e as pessoas reais.

2.4 Alucinações Táteis: os pacientes sentem espetadas, choques ou animais se movimentando sobre sua pele. Em alguns casos de esquizofrênicos, as alucinações táteis podem ser sentidas nos genitais, que sentem cutucadas e penetrações nos mesmos.

2.3 Alucinações Olfativas e Gustativas: o indivíduo sente o cheiro ou gosto de determinadas coisas sem qualquer estímulo olfativo ou gustativo.

2.4 Alucinações Cenestésicas: são sensações alucinatórias em várias partes do corpo.

2.5 Alucinações Cinestésicas: são sensações alteradas dos movimentos do corpo.

2.6 Alucinações Funcionais: é uma alucinação (ausência do objeto), desencadeada por estímulo real.

2.7 Alucinações Hipnagógicas e Hipnopômpicas: são alucinações auditivas, visuais ou táteis relacionadas à transição sono/vigília.

3. Alucinose: é um fenômeno pelo qual o paciente percebe tal alucinação como estranha a sua pessoa e ocorre com um nível de consciência preservada.

4. Pseudoalucinações: distinguem-se das alucinações verdadeiras pela ausência de corporeidade e localização no espaço subjetivo interno, o que as torna mais semelhantes às imagens representativas do que às perceptivas.

5. Saúde x Doença

Antropologicamente, a representação mental de doença mostra-se segundo dois eixos distintos sob os quais oferece o entendimento ou a compreensão humana acerca da doença. O primeiro deles, denominado como ontológico, por sua construção filosófica, e segundo a qual procura abordar o ser das coisas, "ao longo de percursos especulativos, místicos ou religiosos".

A concepção ontológica representa a doença como referente a um *mal* de origem misteriosa e cósmica, universal ou local, impondo-se como um impedimento da busca humana para a felicidade e autodeterminação, ou seja, a capacidade para decidir e projetar-se em direção ao próprio futuro. Subjaz a esse entendimento uma axiologia que dividirá o mundo entre perspectivas polares e conflitantes provenientes da ideia de bem e de mal. Essas estão em eterno conflito, sendo inevitáveis para o homem, ao mesmo tempo em que se expressa, ele mesmo, como o *lócus* onde a luta se desenvolverá eternamente e independentemente de sua vontade, pois esse conflito é inerente à natureza, que se caracteriza como animista, tanto em relação a seres humanos quanto a espíritos ou forças mágicas de origens diversas. (BUCHER, 1989 apud KARWOWSKI, 2015).

O segundo eixo faz referência à figuração da doença como algo pertinente ao mundo do "ter" – em oposição à primeira, pertinente ao mundo do "ser" – vinculando-se a condições mecânicas e causais, numa clara referência ao *Zeitgeist* prevalente no surgimento da ciência. Esforça-se nesse eixo para considerar a doença como resultante de causas objetivas e verificáveis que, com o avanço tecnológico, se tornam cada vez mais isoláveis e factíveis de objetivação. Como uma das consequências, é divisada na história da Medicina uma oscilação entre os eixos ontológico e mecanicista, não tendo o segundo jamais conseguido prevalecer ou suplantar totalmente o primeiro.

São encontradiços no âmbito das pesquisas tecnológicas mais puras, ou no cerne das práticas médicas mais avançadas modelos ontológicos que supostamente seriam contrários às teorias mais esclarecidas. Como consequência, as chamadas crenças etiológicas universais estão enraizadas na complexidade das representações ontológicas da doença. A primeira dessas crenças, identificada como exógena, aditiva ou centrípeta, concebe a doença como a ocorrência de algo a mais no paciente, por exemplo, um agente patológico, que lhe deve ser retirado. A segunda concepção, denominada endógena, deficitária e centrífuga demonstra o paciente como quem sofre da falta de alguma coisa que lhe foi retirada, tendo, portanto, e em oposição à primeira, "algo a menos" e que lhe deve ser reposto. (CANGUILHEM, 1966 apud KARWOWSKI, 2015).

Não obstante as representações mentais possíveis de se fazer da doença, fala-se então em modelos ou paradigmas de saúde-doença, apontados como representativos da relação cosmológica e até mesmo da noção que se faz do cosmo. Dessa forma, uma maneira de se considerar essa elaboração diz respeito à ideia de união ou à unidade cosmogônica, no qual o ser humano se concebia como intimamente ligado ao mundo, se mostrando indiferente em relação à natureza, e, como consequência, estabelecendo relações mais integradas e integradoras, tanto com seus semelhantes quanto com a própria cosmologia onde esses semelhantes se inseriam. Diante disso, Ramos (1994 apud Ibidem) oferece então cinco noções distintas de "modelos":

1) O Modelo Primitivo: as doenças pertenciam ao domínio dos deuses e do sobrenatural, ao qual somente os xamãs tinham acesso; havia uma integração homem-mundo radical, de forma que não se verificava essa distância ou afastamento entre o homem e o seu mundo. Tratava-se antes de se reconhecer a diferença, não a descontinuidade. Dessa maneira, a doença era entendida como perturbação do mundo dos espíritos que teria ocorrido por alguma ação ou atitude, por parte daquele que manifestava o fenômeno hoje entendido como doença. O "tratamento" implicava desde a ingestão de ervas até a mudança de comportamentos ou de pensamentos, sempre acompanhados de rituais cuja determinação e condução ficavam a cargo do xamã. Importante é salientar a compreensão da doença como pertinente ao mundo espiritual e de sua responsabilidade, tanto na manutenção quanto na cura, dependendo da interferência que os vivos poderiam fazer em relação à espiritualidade. Fácil é depreender que a compreensão de doença não dizia respeito ao que propriamente chamamos doença, mas a ocorrência de um mal que deveria ser encarado com recursos de ordem espiritual.

2) O Modelo Grego: diz respeito à forma como os gregos lidavam com o que hoje entendemos como doença. Nessa época, foram introduzidas a separação corpo-espírito e a formulação do método de observação, análise, dedução e síntese. Junto com os primórdios metodológicos, bastante distintos da forma em que hoje é entendido o método, há também o estabelecimento da separação homem-mundo que culminará bem posteriormente com o *cogito* da filosofia moderna, sugerido por Descartes. Cumpre ressaltar que, embora na concepção grega seja iniciada a cisão homem-mundo, a doença era constituída em ampla inter-relação homem-mundo, cujo elemento diagnóstico dizia respeito muito mais à escuta, e seu tratamento implicava mudanças alimentares, de comportamento e até mesmo troca de local de moradia.

3) O Modelo Cartesiano: quando o racionalismo atinge o apogeu, sendo a razão aquela que impõe a condição de só aceitar o conhecimento verificado pelo intelecto. Não obstante, haver vários modelos de ciência (Chauí, 2000), a ênfase racionalista permeia toda sua epistemologia, tendo como corolário racional a divisão do corpo e do intelecto, aspecto suficiente não só para o surgimento da Psicologia como ciência (Schultz & Schultz, 1994), mas também para sedimentar a separação homem-mundo. É nesse sentido que a doença é concebida objetivamente, sendo elaborada como de origem externa (agente patogênico ou trauma) e de procedência interna (disfunção ou desequilíbrio mutacional). Dessa maneira, é lícito, então, falar em causa e explicada em função de seus determinantes.

4) O Modelo Romântico: é uma forma de reação ao *status* empírico-racional da noção de ciência. Nessa concepção o estado de saúde era atribuído à interação de diferentes fatores e o racionalismo era contestado com a descoberta da irracionalidade da psique. O tratamento implicava atuações em diversos âmbitos, como o espiritual, o biológico, o psicológico e o social. Essa concepção é intitulada de romântica, tanto por pretender uma atuação global ou na totalidade, como também por implicar procedimentos considerados fora da realidade.

5) O Modelo Biomédico (Científico): sob cuja égide se está no momento tem como marcas principais o determinismo, a mensuração e o universalismo. Essas características são facilmente verificáveis mediante um exemplo hipotético, mas nem por isso distante da realidade de qualquer ser humano.

Supondo-se haver um grupo qualquer onde alguém "passe mal" o médico ou paramédico, não tendo qualquer outro sinal evidente, inicia seu trabalho pela verificação dos sinais vitais. Tal procedimento está fundamentado no entendimento de que existe um padrão de funcionamento biológico (universalismo) humano, no qual todos devem estar inclusos. Essa noção assenta-se na mensuração preestabelecida e suficiente para se considerar verdadeira tal ocorrência para todo e qualquer ser humano. Isso indica o caráter mensuralista, mas está também presente na contagem de batimentos cardíacos, verificação de pressão e taxa respiratória. A não ocorrência da padronização implica algum tipo de complicação cuja causa deve ser elucidada. Nessa perspectiva, toda intercorrência (patológica ou não) possui uma causa. Se a causa não é evidente, não é porque inexiste, mas pelo fato de ainda não ter sido descoberta.

A psicopatologia, por sua vez, preocupa-se com a doença da mente. O que é doença, porém? Trata-se de um tema vasto, que tem sido discutido por filósofos, teólogos, administradores e advogados, assim como por médicos. Os profissionais que passam a maior parte do tempo de seu trabalho em meio à saúde e à doença raramente fazem esta pergunta, e com menos frequência tentam respondê-la.

1) A definição da Organização Mundial de Saúde afirma: "Saúde é um estado de completo bem-estar físico, mental e social

e não somente a ausência de doença ou enfermidade" (1946). Se o total bem-estar é um requisito, talvez praticamente todos estejam excluídos.

2) A doença pode ser considerada em termos físicos, como na afirmação de Griesinger (1845 apud KARWOWSKI, 2015), de que "doenças mentais são doenças do cérebro". Embora esta alegação ajuste-se aos estados psiquiátricos orgânicos e possa abranger a deficiência de aprendizagem (retardo mental), não é muito simples tentar incluir nesta definição todos os transtornos "neuróticos" e os psicóticos; por outro lado, de forma alguma os transtornos de personalidade não se encaixam aqui.

3) De modo semelhante, as doenças podem ser descritas como aquelas condições que o médico trata. Ao definir isto Kräupl Taylor (1980 apud KARWOWSKI, 2015) declarou: "Para ser paciente é necessário e suficiente a experiência vivida por uma pessoa ao sentir a necessidade de tratamento, ou, no seu meio, que deve receber tratamento". Doença mental torna-se, então, um termo para descrever os sintomas e a condição daquelas pessoas que são encaminhadas a um psiquiatra. Esta descrição tautológica de doença tem alguma vantagem prática, já que não impede que ferramentas terapêuticas sejam utilizadas com relação a um amplo espectro de problemas humanos. Ela apresenta, no entanto, a desvantagem de permitir que a sociedade escolha quem ela chamaria de "doente mental", e, em um sistema social totalitário, o estado pode decidir quais indivíduos com desvios deverão ser considerados doentes.

4) A doença pode ser considerada como uma variação estatística da norma, trazendo em si mesma desvantagem biológica. Isto foi formulado por Scadding (1967) para a doença física e desenvolvido para a doença psiquiátrica por Kendell (1975). Desvantagem biológica implica fertilidade reduzida e/ou vida mais curta. Este estado de desvantagem torna-se difícil de aplicar ao homem moderno, uma vez que ele aprendeu a controlar seu ambiente e sua reprodução de tal maneira que o próprio termo *desvantagem biológica* torna-se questionável. O que é uma vantagem biológica para o indivíduo pode ser uma desvantagem para a espécie, e vice-versa.

5) A doença tem implicações legais. Por exemplo, as circunstâncias que resultam em doença podem dar direito à compensação legal; se o comportamento resulta da doença, isto pode reduzir a pena. Da mesma maneira, a doença mental é um conceito que pode justificar detenção compulsória em um hospital (Lei da Saúde Mental) e criminosos mentalmente enfermos são tratados pela lei de uma maneira diferente de outros criminosos (BLUGLASS E BOWDEN, 1990 apud AMARANTE, 2000).

Esta distinção entre normalidade e doença, saúde e enfermidade, nada tem de trivial. "Uma grande parte da ética médica e muito de toda a base da política médica atual, privada e pública, estão baseadas precisamente na noção de doença e normalidade. Por si mesmo, o médico (dando-se conta ou não) pode fazer seu trabalho muito bem sem uma definição formal de doença... Infelizmente, o médico não pode trabalhar tranquilamente usando seu bom-senso. Ele é atingido por dois ângulos: pelos consumidores vorazes e pelos conselheiros pretensiosos" (MURPHY, 1979 apud AMARANTE, 2000).

Kleinman (1977 apud ALMEIDA-FILHO, COELHO &. PERES, 1999) defendeu uma distinção entre as dimensões biológica e cultural da doença (sickness), que foram agrupadas em duas categorias: patologia (disease) e enfermidade (illness). Patologia refere-se a alterações ou disfunções de processos biológicos e/ou psicológicos, de acordo com a concepção biomédica. Nessa dimensão, o funcionamento patológico dos órgãos ou sistemas fisiológicos ocorre independente do seu reconhecimento ou percepção pelo indivíduo ou ambiente social. A categoria enfermidade, por outro lado, incorpora a experiência e a percepção individual relativa aos problemas decorrentes da patologia, bem como à reação social à enfermidade. Ela diz respeito ao processo de significação da doença. Além dos significados culturais, há também os significados pessoais, que abrangem tanto os significados simbólicos particulares formadores da própria enfermidade, quanto os significados criados pelo paciente para poder lidar com a doença e controlá-la. As noções de signo e sintoma estão ligadas respectivamente aos conceitos de patologia e enfermidade. Os signos se referem às manifestações objetivas da patologia conforme observadas pelo médico. Os sintomas dizem respeito à experiência subjetiva da enfermidade. Este modelo encontra-se esquematizado na **Figura 2**.

Doença: patologia + enfermidade

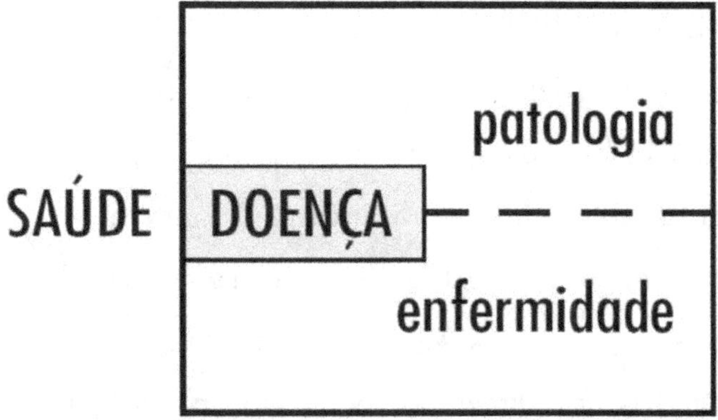

Figura 2. Ilustração do Modelo de Kleinman & Good.

No paradigma médico ocidental, patologia significa um mau funcionamento, ou má adaptação de processos biológicos e psicológicos no indivíduo. Enquanto enfermidade representa reações pessoais, interpessoais e culturais perante doença e desconforto. A enfermidade é conformada por fatores culturais que governam a percepção, rotulação, explicação e valorização da experiência do desconforto, processos imbuídos em complexos nexos familiares, sociais e culturais. Dado que a experiência da enfermidade é uma íntima parte do sistema social de significações e regras de conduta, ela é fortemente influenciada pela cultura: ela é, como veremos, culturalmente construída. (KLEINMAN, 1992 apud Ibidem).

Em diálogo com a tradição interpretativa/hermenêutica, entretanto, muitas vezes a ela se opondo, surge na década de 80 uma linha de estudos na antropologia médica que busca compreender a relação entre as condições de saúde, as formas de organização dos sistemas médicos e as forças econômicas e políticas, locais e globais. Com esse objetivo, partiam do pressuposto de que as relações e os comportamentos sociais eram modulados pela macroestrutura social e política, gerando significados sociais e experiências coletivas, dentre os quais se incluem as representações sobre a doença e o saber médico.

Um dos principais representantes dessa linha é Allan Young, antropólogo norte-americano baseado na Universidade McGill, que desenvolve uma abordagem que privilegia as relações sociais na produção e determinação dos modos de distribuição das doenças nas sociedades. A partir dessa perspectiva, Young termina por fazer uma análise crítica da teoria dos modelos de doença proposta por Kleinman e Good, ao sublinhar a diferenciação entre a dimensão biológica da patologia (disease) e a sua dimensão experiencial e perceptiva (illness). Young considera que a distinção entre patologia e enfermidade mostra-se insuficiente para dar conta da dimensão social do processo de adoecimento. Para superar essa limitação, propõe a substituição do esquema doençapatologia-enfermidade por uma série tripla de categorias de mesmo nível hierárquico – patologia-enfermidade-doença – conforme a **Figura 3**, concedendo maior centralidade ao terceiro termo. Por outro lado, revelou que ambos os modelos consideram apenas o indivíduo como objeto e arena dos eventos significativos da enfermidade, não relatando os modos pelos quais as relações sociais a formam e a distribuem.

Patologia-enfermidade-doença

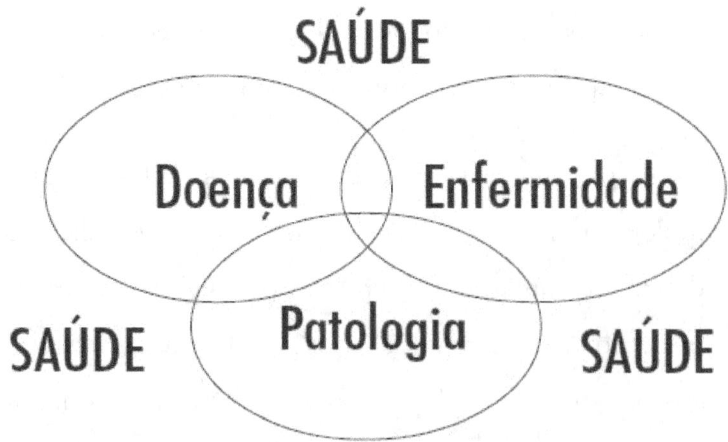

Figura 3. Modelo de Young

Segundo a proposta de Young, o conceito de doença deve incorporar o processo de atribuição de significados socialmente reconhecidos a signos de comportamentos desviantes e sinais biológicos, transformando-os em sintomas e eventos (outcomes) socialmente significantes. Em suas próprias palavras, "a doença é um processo de socialização da patologia e da enfermidade". Esse processo

de socialização da patologia ou da enfermidade – ou,
melhor ainda, de construção da doença – dá-se, em parte,
no interior e através dos sistemas médicos. (YOUNG, 1982
apud ALMEIDA-FILHO, COELHO &. PERES, 1999).

Já no começo da década de 80, Gilles Bibeau e Ellen Corin, dois herdeiros da escola canadense de Psiquiatria Transcultural na tradição de Murphy e Leighton, começam a propor o desenvolvimento de uma antropologia crítica, capaz de superar a dicotomia cultura-sociedade e a correspondente clivagem no campo antropológico entre uma antropologia cultural (interpretativa e fenomenológica) e uma antropologia social (estrutural-funcionalista). Para esses autores, as experiências subjetivas formam-se a partir de representações culturais sobre a subjetividade, o corpo, o mundo e a vida, criadoras dos significados que se expressam através de narrativas individuais. Daí a necessidade de considerar a experiência do adoecimento e as narrativas sobre a doença em sua relação com a rede de significações culturais. Nesse sentido, os autores inicialmente recorrem à concepção de rede semântica de Good que, conforme explicita Bibeau, "permite identificar os laços que unem categorias-chave culturais tanto a sistemas de interpretação quanto a histórias pessoais de indivíduos". Entretanto, apesar de enfatizar a importância dos valores culturais e a influência da concepção de rede semântica em seu trabalho, Bibeau reafirma a necessidade de uma abordagem macrossocial e histórica para a compreensão dos contextos locais. (BIBEAU e CORIN, 1994 apud ALMEIDA-FILHO, COELHO &. PERES, 1999).

Isso significa estabelecer uma conexão epistemológica, teórica e metodológica entre diferentes dimensões da realidade, adotando-se uma "perspectiva global". Resultante de um trabalho de articulação entre micro e macro contextos social, tal perspectiva se expressa em uma dupla orientação que aponta, "de um lado, para uma leitura historicizada e contextualizada da cultura (local) e, de outro lado, para uma interpretação das concepções que a população produz sobre os problemas de saúde mental". Na esfera particular da saúde-enfermidade-cuidado, trata-se de integrar sistemas semiológicos de significação e condições externas de produção (contexto econômico-político e sua determinação histórica) com a experiência do adoecimento, enquanto transformação da identidade individual e do modo de ser- no-mundo. (CORIN et al., 1990 apud Ibidem).

Ao propor a compreensão da experiência de adoecimento a partir dessa "perspectiva global", construindo uma articulação entre trajetórias individuais, códigos culturais, contexto macrossocial e determinação histórica, Bibeau & Corin introduzem, no campo da antropologia médica, a problemática da causalidade em diferentes níveis de determinação dos fenômenos. Neste sentido, propõem um esquema analítico fundado em dois conceitos centrais: condições estruturantes e experiências organizadoras coletivas. Pretendem com estes conceitos representar os diferentes elementos contextuais (sociais e culturais) que se articulam para formar os "dispositivos patogênicos estruturais".

As condições estruturantes abrangem o macrocontexto, ou seja, as restrições ambientais, as redes de poder político e as bases de desenvolvimento econômico, as heranças históricas e as condições cotidianas de vida (ou modos de vida). Ou seja, trata-se de condicionantes referidos ao macrocontexto que atuam como elemento de modulação da cultura e como limitadoras da liberdade de ação individual. As experiências organizadoras coletivas, por sua vez, representam os elementos do universo sócio-simbólico do grupo que atuam no sentido de manter a identidade grupal, os sistemas de valores e a organização social. Desse modo, ao postular que os sistemas semiológicos e os modos de produção articulam-se para produzir a experiência do adoecimento, os autores resgatam a pretensão de Young de considerar o contexto socioeconômico, político e histórico nos processos de saúde-doença-cuidado. (BIBEAU & CORIN, 1994 apud ALMEIDA-FILHO, 2004).

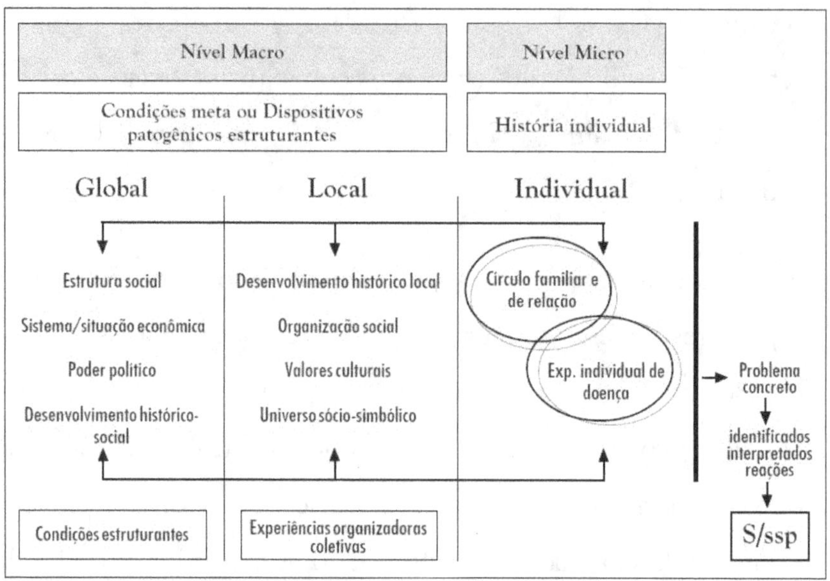

Figura 4. Ilustração do Modelo de Bibeau & Corin.

O enfoque de Bibeau e Corin baseia-se em uma concepção interpretativo-comportamental de cultura, em que, "por um lado, a cultura fornece pontos de referência conceitual, emocional e expressiva que servem para dar sentido às experiência de enfermidade das pessoas. Por outro lado, é [uma definição] comportamental na medida em que a cultura provê sistemas de signos e significados nos quais condutas esperadas e formas de sentir e expressar as coisas são codifica- das". Nessa perspectiva, nas esferas de construção simbólica das comunidades, signos corporais e comportamentais são transformados em sintomas de uma dada enfermidade mental, adquirindo significados causais específicos e gerando determinadas reações sociais, configurando, enfim, o que Bibeau e Corin propõem denominar de "sistema de signos, significados e práticas de saúde mental" (ssp/sm). (BIBEAU, 1993 apud ALMEIDA-FILHO, 2004).

Na sua maturidade, Canguilhem (1966; 1990 apud ALMEIDA-FILHO, 2004) reafirma que a normalidade enquanto norma de vida é uma categoria mais ampla, que engloba a saúde e o patológico como distintas subcategorias. Nesse sentido – tanto a saúde quanto a doença são normais – na medida em que ambas implicam certa norma de vida, sendo a saúde uma norma de vida superior e a doença uma norma de vida inferior. A saúde deixa de se limitar à perspectiva da adaptação, não sendo mais a obediência irrestrita ao modelo estabelecido. Ela é mais do que isso, na medida em que pode se constituir justamente pela não obediência e através da transformação. Nessa perspectiva, o limiar entre a saúde e a doença é singular, ainda que influenciado por planos que transcendem o estritamente individual, como o cultural e o socioeconômico. Em última instância, a influência desses contextos dá-se no nível individual. Contudo, tal influência não determina diretamente o resultado (saúde ou doença) dessa interação, na medida em que seus efeitos encontram-se subordinados a processos normativos de simbolização.

Porém, Canguilhem reconhece a centralidade desse conceito científico e concebe o restrito ao campo da saúde pública ou da Higiene. Ele considera que a saúde se realiza no genótipo, na história da vida do sujeito e na relação do indivíduo com o meio, daí porque a ideia de uma saúde filosófica não impossibilita tomar a saúde como objeto científico. Enquanto a saúde filosófica compreender a saúde individual, a saúde científica será a saúde pública, ou seja, uma salubridade que se constitui em oposição à ideia de morbidade. Sendo o corpo um produto de processos complexos de intercâmbio com o meio, na medida em que estes podem contribuir para determinar o fenótipo, a saúde corresponderia a uma ordem implicada tanto na esfera biológica da vida, quanto no modo de vida. Como produto-efeito de um dado modo de vida, a saúde implica um sentimento de poder enfrentar a força da enfermidade, funcionando assim como um seguro social implícito contra os riscos. (CANGUILHEM, 1990 apud ALMEIDA-FILHO, 2004).

No seu argumento, Canguilhem refere-se à Higiene, que se inicia como uma disciplina médica tradicional, feita de normas e possuindo uma ambição sociopolítico-médica de regulamentar a vida dos indivíduos. A partir dela, a saúde torna-se um objeto de cálculo e começa a perder a sua dimensão de verdade particular, privada, passando a receber uma significação empírica como conjunto e efeito de processos objetivos. Porém Canguilhem (1990 apud Ibidem) defende que a saúde científica pode enfim assimilar também alguns aspectos da saúde individual, subjetiva, filosófica, e então não apenas a doença e a salubridade (ou, numa terminologia mais atualizada, os riscos) devem ser estudadas pela ciência. A posição de Canguilhem sobre essa questão encontra-se ilustrado na **Figura 5**.

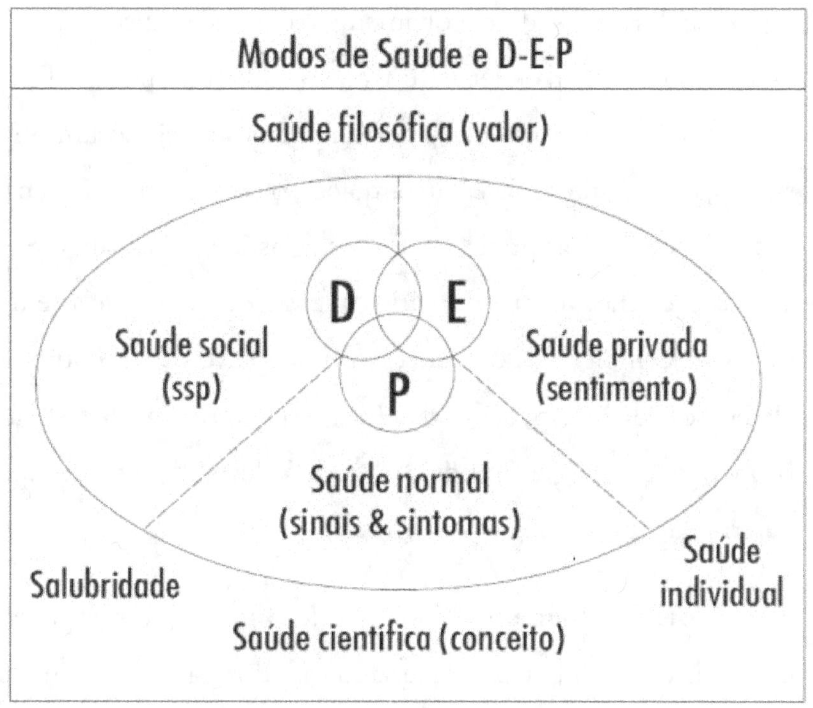

Figura 5. Adaptação do Modelo de Canguilhem.

A saúde se caracterizaria pela possibilidade de ultrapassar a norma que define o normal momentâneo, tolerando as infrações à norma habitual e instituindo novas regulações para novas situações. A cura não implicaria saúde, necessariamente. A cura poderia estar mais próxima da doença ou da saúde, se na estabilidade que ela proporcionasse, estivesse ausente ou presente a abertura a eventuais modificações. (CANGUILHEM, 1943 apud COELHO e ALMEIDA FILHO, 1999).

Para Samaja (1997 apud ALMEIDA-FILHO, COELHO &. PERES, 1999), o paradigma dos Sistemas Complexos Adaptativos poderá servir como base epistemológica para a superação da antinomia biológico-social, dadas as demandas conceituais já estabelecidas pelos desenvolvimentos e usos práticos da noção "saúde" nos discursos leigos e técnicos da modernidade. Em sua opinião, é preciso conceber o conceito da saúde como um objeto-sujeito, com distintas faces hierárquicas, o que "Permite dialetizar a saúde / doença e as práticas que lhes constituem, deixando espaço para o reconhecimento de vários planos de emergência, em um sistema complexo de processos adaptáveis". Incorporando elementos da hermenêutica crítica contemporânea, esse autor propõe que o objeto-modelo "saúde" deve operar sob quatro determinações ontológicas essenciais:

1. Normatividade. O objeto saúde é normativo porque existe e consiste nas interfaces hierárquicas dos sistemas dinâmicos sociais e biológicos, reais e ideais, que conformam o mundo humano por meio de processos de estabelecimento e avaliação das normas de existência.

2. Dramaticidade. O objeto saúde é dramático em dois sentidos: primeiro, num sentido recursivo, na medida em que existe-consiste nos processos iterativos, reprodutores e transformadores das interfaces e dramáticos; segundo, num sentido conflitivo, posto que cada ordem hierárquica conserva um alto nível de autonomia e, consequentemente, de vulnerabilidade em relação às interfaces.

3. Reflexividade. O objeto saúde é reflexivo porque existe-consiste no campo dos sentidos professados e das práticas vividas pela "conduta produtora-apropriadora (especificamente humana)".

4. Historicidade. O objeto saúde possui uma natureza onto-sócio-genética: existe-consiste na dialética dos processos estruturais que recapitulam as gêneses passadas.

Nesse percurso de construção, que assumidamente toma a saúde como um valor social (e quase como um tipo-ideal), Samaja destaca a sua natureza complexa, plural e, fundamentalmente, articuladora de múltiplas determinações: "O objeto das Ciências da Saúde, como um objeto complexo contendo diferentes objetos de diferentes níveis de integração (células, tecidos, organismos, pessoas, famílias, vizinhanças, organizações, cidades, nações...), implica um grande número de interfaces hierárquicas e enormes quantidade de informação, e nelas tomam sentido e dimensão dramática, suas experiências e postulações (verdadeiras ou falsas) sobre o normal e patológico, saudável e doente, curativo e preventivo" (SAMAJA, 1997 apud Ibidem).

Já na visão operacional-pragmática, as definições básicas dos transtornos mentais e dos sintomas são formuladas e tomadas de modo arbitrário, em função de sua utilidade pragmática, clínica ou para pesquisa. Não se questiona a natureza da doença ou a origem do sintoma, nem os fundamentos filosóficos ou antropológicos de determinada definição. É o modelo adotado pelas modernas classificações dos transtornos mentais:

1) O Manual Diagnóstico e Estatístico de Transtornos Mentais, mas reconhecido pela sua sigla DSM (Diagnostic and Statistical Manual of Mental Disorders). Elaborado pela Associação Americana de Psiquiatria (American Psychiatric Association - APA) é um manual para profissionais da área da saúde mental que lista diferentes categorias de transtornos mentais e critérios para diagnósticos;

2) A Classificação Estatística Internacional de Doenças e Problemas Relacionados com a Saúde (CID; em inglês: International Statistical Classification of Diseases and Related Health Problems, ICD). Organizado e publicado pela Organização Mundial de Saúde (OMS) determina a classificação e codificação das doenças e uma ampla variedade de sinais, sintomas, achados anormais, denúncias, circunstâncias sociais e causas externas de danos e/ou doença. Além de fornecer códigos relativos à classificação de doenças e de uma grande variedade de sinais, sintomas, aspectos anormais, queixas, circunstâncias sociais e causas externas para ferimentos ou doenças. e é usada globalmente para estatísticas de morbilidade e de mortalidade, sistemas de reembolso e de decisões automáticas de suporte em medicina.

6. O Adoecer Psíquico – Formas e conteúdos dos sintomas

Mas acreditar que as neuroses podem ser vencidas pela administração de remedinhos inócuos é subestimar grosseiramente esses distúrbios, tanto quanto à sua origem quanto à sua importância prática. (Freud, 1915)

Dentro desse contexto, revela-se importante, a compreensão sobre Nosologia e Nosografia. Segundo Karwowski (2015) esclarece, a Nosologia (do grego 'nósos', "doença" + 'logos', "tratado", "razão explicativa") é a parte da medicina, ou o ramo da patologia que trata das enfermidades em geral e as classifica do ponto de vista explicativo (isto é de sua etiopatogenia). Enquanto a Nosografia as ordena desde o aspecto meramente descritivo (graphos = descrição).

Dessa maneira, o diagnóstico nosológico é estabelecido através de um conjunto de dados que envolvem anamnese (pesquisa), exame físico e testes complementares. Síndromes e Entidades Nosológicas são, portanto, os fenômenos mórbidos nos quais se pode identificar (ou pelo menos presumir com certa consistência), determinados fatores causais, ou seja, a etiologia.

A perspectiva médico-naturalista trabalha com uma noção de homem centrada no corpo, no ser biológico como espécie natural e universal. Assim, o adoecimento mental é visto como um mau funcionamento do cérebro, uma desregulação, uma disfunção de alguma parte do "aparelho biológico". Já na existencial, o doente é visto principalmente como "existência singular", como ser lançado a um mundo que é apenas natural e biológico na sua dimensão elementar, mas que é fundamentalmente histórico e humano. O ser é construído através da experiência particular de cada sujeito, na sua relação com outros sujeitos, na abertura para a construção de cada destino pessoal. A doença mental, nessa perspectiva, não é vista tanto como disfunção biológica ou psicológica, mas, sobretudo, como um modo particular de existência, uma forma trágica de ser no mundo, de construir um destino, um modo particularmente doloroso de ser com os outros. (DALGALARRONDO, 2000 apud PEREIRA, 2010).

Quando se estuda os sintomas psicopatológicos, costuma-se enfocar dois aspectos básicos: a forma do sintoma, isto é, sua estrutura básica, relativamente semelhante nos diversos pacientes (alucinação, delírio, etc.) e seu conteúdo, ou seja, aquilo que preenche a alteração estrutural (conteúdo de culpa, religioso, de perseguição, etc.). O conteúdo geralmente é mais pessoal e depende da história de vida do paciente. De um modo geral, os conteúdos dos sintomas estão relacionados aos temas centrais da existência humana, como a sobrevivência, segurança e a sexualidade.

A medicina clínica faz uma clara distinção entre sinais e sintomas. O paciente queixa-se de sintomas, como se sentir agitado e desconfortável no calor, com hipertireoidismo. Sinais físicos são detectados no exame: um leve bócio com ruído audível, perda de peso, pulso rápido e exoftalmia. Esta distinção não é normalmente feita com os fenômenos do estado mental. A descrição do paciente de um fenômeno mental anormal é geralmente chamada de sintoma, quer ele queixe-se de algo que o perturba, ou simplesmente descreva sua experiência mental, que parece patológica para um observador. Em seus relatos acerca de suas experiências, ambos são, portanto, considerados sintomas. Quando agregados, esses sintomas podem ser considerados como sinais de qualquer diagnóstico indicado.

O sintoma, pois, considerado como incluindo o sinal, pode ser uma queixa (p.ex., um sentimento de infelicidade) ou um item de descrição fenomenológica que pode não representar queixa do paciente (p.ex., ouvir vozes que discutem baixinho sobre o paciente, com perplexidade e admiração). O sentimento de infelicidade pode ser um sinal de doença depressiva; as alucinações auditivas podem ser um sinal de esquizofrenia. Há, também, sintomas ou sinais comportamentais, como no paciente que grita para o teto – isto pode ser considerado como um sinal que sugere alucinação auditiva. Shneider (1959 apud KARWOWSKI, 2015) considera que um sintoma, na esquizofrenia, é uma "característica frequente e, portanto, importante, deste estado". Para que um sintoma seja usado no diagnóstico, sua ocorrência deve ser típica desta condição e deve ocorrer com relativa frequência na mesma. Dessa forma podemos compreender:

1. SINTOMA: é toda a informação descrita pelo paciente, a partir de suas vivências, sensações e impressões. Não é passível de confirmação pelo examinador, já que é uma sensação do paciente (um mal-estar – sensação de insegurança - em uma dada situação, por exemplo). A anamnese é a via através da qual a semiologia visa elucidar, investigar e analisar os sintomas. Constrói- se, assim, a história clínica do paciente.

2. SINAL: refere-se a toda alteração objetiva, que é passível de ser percebida pelo examinador (um tique, um gesto repetitivo, por exemplo).

No enfoque comportamental, o homem é visto como um conjunto de comportamentos observáveis, verificáveis, regulados por estímulos específicos e gerais, bem como por certas leis e determinantes do aprendizado. Associada a essa visão, a perspectiva cognitivista centra atenção sobre as representações cognitivistas conscientes de cada indivíduo. As representações conscientes seriam vistas como essenciais ao funcionamento mental, normal e patológico. Os sintomas resultam de comportamentos e representações cognitivas disfuncionais, aprendidas e reforçadas pela experiência sócio familiar. Na visão psicanalítica, o homem é visto como ser "determinado", dominado por forças, desejos e conflitos inconscientes. A psicanálise dá grande importância aos afetos que, segundo ela, dominam o psiquismo; o homem racional, autocontrolado, senhor de si e de seus desejos é, para ela, uma enorme ilusão. Na visão psicanalítica, os sintomas e as síndromes mentais são considerados formas de expressão de conflitos, predominantemente inconscientes, de desejos que não podem ser realizados, de temores a que o indivíduo não tem acesso. O sintoma é aceito, nesse caso, como uma "formação de compromisso", certo arranjo entre o desejo inconsciente, as normas e as permissões culturais e as possibilidades reais de satisfação desse desejo. A resultante desse emaranhado de forças, dessa "trama conflitiva" inconsciente é o que identificamos como sintoma psicopatológico. (DALGALARRONDO, 2000).

Banzato (2000) destaca ainda que a utilização do termo "sintoma" em ampla gama de situações na medicina usualmente não gera polêmicas; há, por assim dizer, uma certa estabilidade de seu significado: trata-se (etimologicamente) de um fenômeno que coincide, índice do processo patológico subjacente do qual é efeito (conexão causal), apontando para uma alteração mórbida sem, contudo, traduzi-la. Em contraste com a objetividade do "sinal", isto é, a possibilidade de sua constatação pela inspeção clínica, através da sensopercepção direta ou de artifícios propedêuticos, o "sintoma" é relatado pelo sujeito que sofre a afecção (mediação subjetiva), algo como a expressão vivencial do *morbus*, ou seja, mesmo referido ao corpo, não deixa de subsistir uma dimensão psíquica no sintoma. Ocorre, porém que o processo patológico e o sintoma decorrente, via de regra, não se situam no mesmo plano, isto significa que o sintoma não representa a forma exclusiva de verificação do processo, ao contrário, ele apenas sugere o que deva ser buscado e confirmado por outras vias *independentes*.

De acordo com o grau de informação implicado por sua manifestação o sintoma pode ser dito *inespecífico*, quando comum a uma série de afecções, *típico* (característico), exibindo uma elevada associação com um quadro em particular, ou ainda *patognomônico* (diacrítico), quando exclusivo de uma determinada condição, em que sua presença basta para o diagnóstico, sua ausência, contudo, não necessariamente o afasta. Em outros termos, o sintoma é entendido como evidência indutiva (mais ou menos sólida) de uma enfermidade. O termo "sintoma", além do sentido forte anteriormente exposto, é empregado também em circunstâncias menos definidas, como traço característico que isoladamente ou associado a outros (*cluster*, situação mais frequente) configura um dado padrão de manifestação, fenômeno (ou conjunto de fenômenos) constatável apenas neste plano, sem a possibilidade *imediata* de confirmação independente ou de identificação do processo mórbido subjacente. Em outras palavras, o sentido é o mesmo, mas sem endosso outro que uma certa correlação empírica. Ora, tal situação costuma refletir pura e simplesmente um estágio inicial do conhecimento nosológico (limitação da experiência), em que a etiopatogenia ainda não foi estabelecida, nada há de estranho nisso, a própria elucidação da mesma pressupõe a descrição de um quadro clínico com seu curso habitual. Entretanto, o caso da psicopatologia apresenta dificuldades de outra ordem, pois aqui não se trata da mera defasagem temporal entre a descrição fenomenológica e a explicação causal respectiva, mas sim da eventual sobreposição no mesmo plano psíquico de sintomas e processos patológicos.

Dalgalarrondo (2000) afirma que apesar de ser necessário o estudo analítico das funções psíquicas isoladas e suas alterações, nunca é demais ressaltar que a separação da vida e d atividade em distintas "áreas" ou "funções psíquicas" é puramente artificial, que por um lado pode ser útil, mas por outro pode suscitar em enganos. É útil porque essa separação nos permite o estudo mais detalhado e aprofundado de determinados fatos da vida psíquica; e é arriscado, pois dessa perspectiva, passamos a acreditar na autonomia desses fenômenos como se fossem "objetos" naturais. Contudo, é bom salientar que não existem funções psíquicas isoladas, pois é sempre a pessoa na sua totalidade que adoece.

O termo consciência origina-se do latim: cum (com) e scio (conhecer), indicando o conhecimento compartilhado com o outro e consigo mesmo. Na língua portuguesa, temos três definições de consciência:

1) **Definição Neuropsicológica**: iguala a consciência a um estado de vigília, o estado de estar desperto, acordado, lúcido e com um grau de clareza do sensório;

2) **Definição psicológica**: considera a consciência como a soma total das experiências conscientes de um indivíduo em um determinado momento. É a dimensão subjetiva d atividade psíquica do sujeito que o coloca em contato com a realidade e o faz perceber e conhecer seus objetos.

3) **Definição Ético-Filosófica**: o termo consciência desta perspectiva se refere à capacidade de tomar ciência dos deveres éticos e assumir as responsabilidades, os direitos e deveres concernentes a essa ética. Assim, a consciência ética filosófica é atributo do homem desenvolvido e responsável, "consciente" dos seus atos e engajado na dinâmica social de determinada cultura. (Ibidem).

Quanto ao sono e o seu ciclo normal ele é basicamente dividido em duas fases: REM (*Rapid Eye Movement*) e NREM (*Non Rapid Eye Movement*). Enquanto a fase REM 25% ocupa 25% de nosso sono total, a fase NREM corresponde a 75% do período do sono, sendo dividido em quatro fases:

1. **Estágio 1**: É a fase de sonolência, onde o indivíduo começa a sentir as primeiras sensações do sono. Nessa fase a pessoa pode ser facilmente despertada;

2. **Estágio 2**: Dura em média de 5 a 15 minutos. No estágio 2 a atividade cardíaca é reduzida, relaxam-se os músculos e a

temperatura do corpo cai. É bem mais difícil de despertar o indivíduo.

3. **Estágio 3**: Muito semelhante com o estágio 4, diferencia-se apenas em relação ao nível de profundidade do sono, que é um pouco menor.

4. **Estágio 4**: Dura cerca de 40 minutos. É a fase onde o sono é muito profundo.

A fase do NREM é muito importante para o corpo, uma vez que é nela que ocorre a secreção dos hormônios do crescimento, sendo também essencial para a recuperação de energia física. É na fase NREM que realmente existe o descanso profundo e menor atividade neural. Após a fase 4, o indivíduo retorna ao estágio 3, estágio 2 e entra na fase REM. O REM é caracterizado pela intensa atividade cerebral, muito semelhante ao estado de vigília, nessa fase ocorrem movimentos oculares rápidos, o que explica o nome do estágio. É no REM que ocorrem os sonhos. Embora a fase do REM não resulte em um descanso profundo, ela é importante para nossa recuperação emocional. (LOUZÃ E ELKIS, 2007).

A consciência, por sua vez, pode sofrer alterações – tanto por processos fisiológicos – quanto por processos patológicos. No ciclo do sono normal, por exemplo, o indivíduo perde em vários graus (nível de profundidade do sono), por um período delimitado de tempo, a sua consciência. Há também outros quadros patológicos que podem alterar ou reduzir patologicamente o nível de consciência de um indivíduo. Em diversos casos neurológicos e psicopatológicos, o nível de consciência diminui de forma progressiva. Existem diversas alterações patológicas ligadas aos níveis e graus de rebaixamento da consciência:

a) Obnubilação da Consciência ou Turvação da Consciência: é o rebaixamento da consciência em grau leve ou moderado. De início, o paciente pode já estar claramente sonolento ou pode parecer desperto, o que dificulta o diagnóstico. De qualquer forma, há sempre uma diminuição do grau de clareza do sensório, com lentidão da compreensão e dificuldade de concentração; nota-se também que o paciente tem dificuldades para integrar as informações sensoriais oriundas e providas d ambiente, e mesmo nos quadros mais leves de rebaixamento, o paciente está um tanto perplexo, já com a compreensão dificultada e o pensamento ligeiramente confuso.

b) Sopor: é um estado de marcante turvação da consciência no qual o indivíduo pode apenas ser desperto por um estímulo energético de natureza dolorosa. O paciente em estado de sopor se apresenta evidentemente sonolento, embora ainda possa apresentar reações de defesa, é incapaz de qualquer ação espontânea.

c) Coma: é o estado mais profundo de rebaixamento do nível de consciência, onde nesse estado, não é possível qualquer atividade voluntária consciente, além de várias falhas no sistema neuronal.

d) Delirium: é o termo atual mais usado para designar a maior parte das síndromes confusionais agudas. É um rebaixamento do nível de consciência que pode ser de leve a moderado, acompanhado de desorientação temporoespacial, ansiedade, agitação ou lentificação psicomotora, ilusões e/ou alucinações visuais, com uma flutuação do quadro ao longo do dia e piorando ao anoitecer. É importante lembrar que não se deve confundir *delirium* (alteração do nível da consciência) com o *delírio* (que é uma alteração do juízo).

e) Estado Onírico: é um estado de alteração da consciência onde paralelamente à turvação da consciência e à confusão mental, o indivíduo entra em um estado semelhante à de um sonho muito vívido, onde geralmente o indivíduo vê cenas complexas e ricas em detalhes. Há uma carga emocional marcante na experiência onírica, com angústia, terror ou pavor. O indivíduo doente manifesta tal estado angustioso por gritos, movimentos, debates na cama, sudorese profunda, seguida de um estado de amnésia. Tal estado ocorre devido a psicoses tóxicas, síndromes de abstinência a drogas e quadro febris tóxico-infecciosos. Amência: tende-se a designar, hoje em dia, tanto os quadros de estado onírico, como o termo delirium.

f) Estado Crepuscular: é um estreitamento transitório do campo da consciência, produzindo um afunilamento da consciência, com a preservação de uma atividade psicomotora global mais ou menos coordenada, permitindo a ocorrência dos chamados, **atos automáticos**. Ele aparece e desaparece de repente e dura de poucas horas a uma semana, ocorrendo nesse período atos explosivos violentos e episódios de descontrole emocional.

g) Dissociação da Consciência: é uma fragmentação ou divisão do campo da consciência, que ocorre com certa frequência nos quadros histéricos. Nesse caso observa-se um estado semelhante ao sonho, em gral desencadeado   por acontecimentos psicologicamente significativos (conscientes ou inconscientes), que geram grande ansiedade para o paciente, onde o indivíduo se desliga da realidade para parar de sofrer.

h) Transe: é um estado de dissociação da consciência que se assemelha a um sonho acordado, mas dele se difere pela presença de atividade motora automática e estereotipada, acompanhada de suspensão parcial dos movimentos voluntários. Ocorre em contextos religiosos- culturais, mas não deve ser confundido com um transe histérico, que é um estado dissociativo da consciência relacionados a conflitos interpessoais e transtornos psicopatológicos. (DALGALARRONDO, 2000).

Já na Alienação do pensamento, Correia (2014) explica que a pessoa doente acredita que os seus pensamentos são controlados por uma entidade extrínseca ou que outros participam no seu pensamento. Ocorre tipicamente na esquizofrenia e é subdividida em três tipos de manifestações:

a) **Influenciamento ou Imposição Do Pensamento** – Convicção de que as suas ideias ou representações são influenciadas ou impostas pelo exterior; o doente sente que os seus pensamentos são induzidos por entidades extrínsecas (por exemplo, através de radares, laser, etc.);

b) **Roubo ou Interceção De Pensamento** – O doente tem a convicção de que as ideias desapareceram porque se apoderaram dos seus pensamentos, lhos roubaram através de procedimentos distintos e com intenções variadas;

c) **Difusão de Pensamento** – O doente sente que o seu pensamento não lhe pertence, que outros participam no pensamento (pensamento compartilhado) ou que leem os seus pensamentos (leitura de pensamento), que os seus pensamentos são conhecidos dos outros (divulgação ou difusão de pensamento), que ouve os seus pensamentos em voz alta (sonorização do pensamento) ou que há repetição imediata (eco do pensamento)

Quanto às alterações do conteúdo do pensamento Ballone (2008) esclarece que esses quadros são divididos ou agrupados, de acordo com a sua intensidade ou gravidade:

1) Ideias Supervalorizadas: situações onde ocorre uma predominância dos afetos sobre a reflexão consciente, com subsequente alteração do juízo da realidade e com repercussões secundárias no comportamento social do indivíduo. As Ideias Supervalorizadas são conhecidas também como ideias Prevalentes ou Ideias Superestimadas. É quando o pensamento se centraliza obsessivamente num tópico especialmente definido e carregado de uma enorme carga afetiva. A imagem literária através da qual se estigmatiza o possuidor das Ideias Supervalorizadas é a do indivíduo fanatizado, cuja convicção acerca de sua Ideia Superestimada desafia toda argumentação em sentido contrário, inclusive a contra argumentação embasada em elementos lógicos e razoáveis.

2) Inibição do Pensamento: através do curso do pensamento podemos ver, inicialmente, seu ritmo. Quanto à isto, o pensamento pode manifestar-se normal, rápido ou lento. Em seu ritmo lento temos a *Inibição do Pensamento*. A inibição do pensamento é um sintoma que se manifesta por lentidão de todos os processos psíquicos. Nos enfermos em que existe inibição do pensamento, observa-se também grande dificuldade na percepção dos estímulos sensoriais, limitação do número de representações e lentidão no processo e evocação das lembranças. Os pacientes com inibição do pensamento mantêm-se apáticos, não falam espontaneamente nem respondem às perguntas com vivacidade, respondem lentamente ou com dificuldade. A perturbação é também qualitativa, ou seja, atinge a essência do pensamento e se acompanha, geralmente, de um sentimento subjetivo de incapacidade. Junto com inibição do pensamento pode haver ainda sentimento de pouco interesse, de imprecisão a respeito das opiniões, dificuldades para a escrita e lentidão para andar. Esses pacientes revelam dificuldade de compreensão, de iniciar uma conversação, de escolher palavras, enfim, eles pensam com grande esforço.

3) Fuga de Ideias: é uma alteração da expressão do pensamento caracterizada por uma variação incessante do tema e uma dificuldade importante para se chegar a uma conclusão. A progressão do pensamento encontra-se seriamente comprometida por uma aceleração associativa, a tal ponto que, a ideia em curso é sempre perturbada por uma nova ideia que se forma. Na Fuga de Ideias os doentes geralmente são desviados da representação do objetivo através de quaisquer ideias secundárias. Assim, no pensamento com Fuga de Ideias, o que há não é uma carência de objetivos, mas uma mudança constante do objetivo devido a extraordinária velocidade no fluxo das ideias.

4) Bloqueio ou Interceptação do Pensamento: nesses casos há uma interrupção brusca da ideia em curso e o fluxo do pensamento fica bloqueado, cessando repentinamente. É como se, durante uma exposição discursiva, um raio caísse bem próximo da pessoa que fala e, pelo susto, interrompesse imediatamente a exposição. Depois do susto normalmente existe a pergunta: "o que estava mesmo dizendo?" e, em seguida, pode retomar a ideia inicial. Isso é um bloqueio ou interceptação do pensamento. Normalmente o bloqueio sugere uma espécie de força interior que supera a intenção de concluir o tema por alguns instantes; trata-se de uma motivação interna bloqueadora do curso do pensamento. Podemos encontrar bloqueios relacionados a fortes emoções mesmo na vida psíquica normal. Nos estados patológicos as forças interiores (complexos, delírios, paixões) produzem boas razões para os bloqueios. Nesses casos, havendo uma interrupção da ideia em curso haverá, consequentemente, uma interrupção do discurso.

5) Ideias Supervalorizadas (ou sobrevalorizadas): as ideias podem conter uma sobrevalorização ou superestima, caracterizando assim aquilo que leigamente conhecemos por fanatismo. Com o passar do tempo toda a personalidade passa a ser absorvida pela Ideia Supervalirozada, a qual passa a exigir que se coloque à sua disposição todo comportamento do indivíduo. Esta pessoa, por sua vez, será insuflada até o limite de verdadeiras façanhas ou atitudes heroicas, quando não, poderão ser protagonistas de tragédias monumentais. Encontramos o fanatismo presente em variadas figuras de nosso mundo cultural, em heróis épicos, em líderes religiosos e políticos, em personalidades carismáticas (como líderes religiosos, promovedores de suicídios coletivos). Com muita frequência as Ideias Supervalorizadas coexistem com uma intelectualidade normal, portanto, até certo ponto, tais pacientes continuam gozando de perfeita mobilidade social e satisfatório desempenho ocupacional. Como a personalidade toda acaba por ser possuída pelas Ideias Supervalorizadas, logo a conduta social e ocupacional passam a servir aos propósitos fanatizados. De modo geral, a ideia superestimada, prevalente ou supervalorizada reflete os traços dominantes da personalidade do indivíduo, daí a razão pela qual ele se identifica de modo completo com o seu conteúdo. De modo geral, as ideias superestimadas exercem uma influência danosa sobre o pensamento, orientando-o de maneira inflexível em determinada direção. Essas ideias podem ser consideradas patológicas quando estão em francas oposição ao ambiente e à lógica comum à todos e adquirem esse caráter francamente patológico quando impulsionam a conduta do indivíduo também por caminhos contrários à lógica e à razão. A diferença entre essas ideias e as ideias delirantes é que nas supervalorizadas, faltam às características principais dos delírios, tais como a certeza subjetiva, a impossibilidade de influência e de conteúdo e o fato de não serem totalmente estranhas ao eu como ocorre no delírio.

6) Ideias Obsessivas: a intromissão indesejável de um pensamento no campo da consciência de maneira insistente e repetitiva, reconhecido pelo indivíduo como um fenômeno incômodo e absurdo, é denominada de Pensamento Obsessivo. Portanto, para que seja Obsessão é necessário o aspecto involuntário das ideias, bem como, o reconhecimento de sua conotação ilógica pelo próprio paciente, ou seja, ele deve ter crítica sobre o aspecto irreal e absurdo desta ideia indesejável. Constitui-se comumente de representações que, sem uma tonalidade afetiva explicativa, aparecem na consciência com o sentimento de persistência obrigatória, impossibilitando seu afastamento por esforços voluntários e, consequentemente, dificultando e entorpecendo o curso normal das representações, mesmo que o indivíduo se dê conta de sua falta de fundamento, a falsidade de seu conteúdo e o caráter francamente patológico do fenômeno. As Obsessões estão tão enraizadas na consciência que não podem ser removidas simplesmente por um aconselhamento razoável, nem por livre decisão do paciente. Elas parecem ter existência emancipada da vontade e, por não comprometerem o juízo crítico, os pacientes têm a exata noção do absurdo de seu conteúdo mental. Em maior ou menor grau, as Ideias Obsessivas ocorrem em todas as pessoas, notadamente quando crianças. Podem aparecer, por exemplo, como uma musiquinha conhecida que "não sai da cabeça", ou a ideia de que pode haver um bicho debaixo da cama, ou que o gás pode estar aberto apesar da lógica sugerir estar fechado.

7) A Ideia Delirante (ou Delírio): espelha uma verdadeira mutação na relação eu-mundo e se acompanha de uma mudança nas convicções e na significação da realidade. O delirante encontra-se imerso numa nova realidade de forma à desorganizar a sua própria identidade e se desorganiza pela ruptura entre o sujeito e o objeto, entre o interno e o externo, ou seja, entre o eu e o mundo. Apesar do romantismo literário acerca da presumível viagem libertadora proporcionada pelos delírios por libertar o delirante das agruras de uma realidade sofrível, esta alteração do pensamento é considerada pela psicopatologia como uma das formas mais óbvias de empobrecimento mental, uma fixação regressiva e doentia que coloca o paciente num estreitíssimo corredor de possibilidades, numa quase ausência de livre arbítrio. Quer dizer exatamente o contrário daquilo que considerava a patologia da libertação; o delirante não é capaz de pensar aquilo que ele quer pensar, não tem possibilidades de admitir alternativas, falta lhe opção de raciocínio e é obrigado a conduzir-se estritamente nos trilhos estabelecidos pela sua doença.

Características	Ideias obsessivas	Ideias sobrevalorizadas	Ideias delirantes
Egossintonia	Ausente	Presente	Presente
Insight	Presente	Geralmente ausente	Ausente
Irredutibilidade Convicção plena	Ausente	Ausente	Presente

Tabela 2. Distinção das ideias obsessivas das sobrevalorizadas e delirantes. (CORREIA, 2014).

7. O Diagnóstico em Psicopatologia

"O psiquiatra descritivo está primariamente interessado em como um paciente é semelhante, ao invés do quanto é diferente de outros pacientes com aspetos congruentes." (GABBARD, 1998).

De acordo com Dalgalarrondo (2000), o estudo da doença mental inicia-se pela observação cuidadosa de suas manifestações. A observação articula-se dialeticamente com a ordenação dos fenômenos; isto supõe que para observarmos, precisamos produzir definições, classificações, interpretar e ordenar o observando em uma determinada perspectiva, segundo uma certa lógica.

Podemos identificar duas posições extremas de diagnóstico: uma que afirma que o diagnóstico não tem nenhum valor, pois cada pessoa é uma realidade única e inclassificável. Nesse caso, o diagnóstico teria a função apenas de rotular as pessoas diferentes, excêntricas, permitindo o poder médico e o controle social sobre o indivíduo desadaptado ou questional (diagnóstico puro). A outra posição diz que o diagnóstico é imprescindível na avaliação das patologias mentais, pois observar os aspectos singulares e subjetivos do indivíduo é muito importante, mas sem um diagnóstico psicopatológico aprofundado não se pode compreender adequadamente o paciente e seu sofrimento, nem escolher o tipo de estratégia terapêutica mais adequada.

Na natureza humana podem-se distinguir três grupos de fenômenos em relação à sua possibilidade de classificação:

1) Aspectos e fenômenos que encontramos em todos os seres humanos: este grupo de fenômenos faz parte de uma ampla categoria que é demais para a classificação, sendo pouco útil para a mesma. Fenômenos como a privação das horas de sono causa sonolência; a restrição alimentar, causa fome; ou seja, são fenômenos notórios, comuns a todos, que não despertam grande interesse à Psicopatologia e são triviais.

2) Aspectos e fenômenos que encontramos em algumas pessoas, mas não em todas: estes são os fenômenos de maior interesse para a classificação diagnóstica em Psicopatologia, onde se situam a maior parte dos sinais, sintomas e transtornos mentais.

3) Aspectos e fenômenos que encontramos em apenas um ser humano em particular: tais fenômenos, embora de interesse para a compreensão do ser humano, são restritos demais e de difícil classificação e agrupamento, tendo maior interesse os seus aspectos antropológicos, existenciais e estéticos do que propriamente taxionômicos (classificatórios).

Em confluência com os diversificados conceitos, através do paradoxo proposto por Lantéri-Laura (1998 apud SALLET e GATTAZ, 2002) ao considerar a Psicopatologia como um fenômeno subjetivo que tramita entre a psicologia do patológico e a patologia do psicológico – verifica-se também, a relevância da Semiologia e das suas técnicas observacionais. Nesse aspecto, Dalgalarrondo (2000) elucida a diferença entre Semiologia e Semiotécnica:

a) **Semiologia** é a ciência dos signos, estando presente em todas as atividades humanas que incluam a interação e a comunicação entre dois interlocutores pelo uso de um sistema de signos (falas, gestos, atitudes, comportamentos não verbais etc.). Dedica-se ao estudo dos sintomas e sinais das doenças, permitindo ao profissional da saúde identificar alterações físicas e mentais, ordenar os fenômenos observados, formular diagnósticos e estabelecer métodos de tratamento.

b) **A Semiotécnica**, por sua vez, refere-se a técnicas e procedimentos específicos da observação, coleta e descrição de sinais e sintomas. Sendo assim, é de essencial importância para a prática da Semiotécnica em Psicopatologia, a observação minuciosa, atenta e perspicaz do comportamento do paciente, do conteúdo de seu discurso e da sua maneira de falar, da sua mímica, da postura, do vestuário, da forma como reage e do seu estilo de relacionamento com o entrevistador, com outros pacientes e com seus familiares.

> Por semiologia médica entende-se o estudo dos sintomas e sinais da doença, que permite ao profissional de saúde, identificar alterações físicas e mentais, ordenar os fenômenos observados, formular diagnósticos e empreender terapêuticas. De um modo geral, a semiologia, ou semiótica, é a ciência dos signos. O signo é um tipo de sinal, como por exemplo, na semiologia médica, a febre pode ser um sinal/signo de uma infecção ou inflamação. Portanto, os signos de maior interesse para a Psicopatologia são os sinais comportamentais objetivos, as vivências subjetivas relatadas pelo paciente e suas queixas. (DALGALARRONDO, 2000).

Entretanto, de uma maneira geral, há, nos autores pesquisados, orientações básicas que o médico deve seguir a fim de obter as informações necessárias para diagnosticar e indicar o tratamento mais adequado (SWALES, 1990 apud PEREIRA, 2010). Dentre essas orientações, destacam-se:

1) **Exame Psíquico**: a partir do qual o médico analisa as funções psíquicas do paciente, o estado mental atual, tais como apresentação do paciente, incluindo higiene, atitude frente à entrevista (cooperativo, desconfiado), características da fala e do pensamento, dentre outros;

2) **Súmula Psicopatológica**: onde o médico cataloga todas as funções psíquicas e suas alterações. No entanto, antes de iniciar o exame psicopatológico, há as 'fases iniciais' de

interação entre médico e paciente, que inclui, dentre outras informações, a queixa principal, a história da doença atual e a história familiar.

No roteiro das entrevistas psiquiátricas, por exemplo, são encontrados alguns tópicos bastante comuns. São assuntos que fornecem informações relevantes para que o médico conheça o paciente, já que a entrevista está destinada a dar clareza a certos padrões característicos da vida do paciente, e a proposta é ajudá-lo em seu sofrimento mental. É a partir de uma observação cuidadosa que o médico faz do paciente durante a entrevista que ele poderá confirmar ou refutar a hipótese diagnóstica. Dentre esses tópicos, estão previstos:

a) Escolaridade Inicial;

b) Preferência Sexual;

c) Uso De Álcool E Narcóticos;

d) Atitude Em Relação À Solidão;

e) Atitude Em Relação Ao Corpo;

f) Sono E Funções Do Sono;

g) Interesses De Lazer.

Em virtude do importante papel que a entrevista ocupa na atividade da clínica, uma reflexão sobre os roteiros é fundamental, uma vez que é a partir dessas diferentes orientações que os médicos se comportarão discursivamente durante a entrevista. É necessário, portanto, que eles conheçam esses roteiros, e saibam avaliá-los para que essas orientações possam contribuir com esses profissionais em sua prática clínica, com vistas à compreensão do outro, atendendo aquele que busca um alívio para o sofrimento mental. E uma possibilidade de análise desse comportamento discursivo-interacional no 'aqui-agora' do evento comunicativo pode ser feita a partir dos enquadres que o médico estabelece durante o encontro com o paciente. Sobre isso, Nunes Filho et al. (2000 apud PEREIRA, 2010) esclarece que normalmente estão presentes, dentre outros, os seguintes itens:

a) Exame Médico-Psiquiátrico, que inclui Apresentação do Examinador, Identificação do Paciente, Queixa Principal, Motivo da Consulta ou da Internação, História da Doença Atual, História Pessoal e História Familiar;

b) Exame Psicopatológico (atitude geral, pensamento, consciência, atenção, concentração são alguns 'tópicos');

c) Exame Somático;

d) Exames Complementares: testes psicológicos e exames laboratoriais;

e) Diagnóstico Sindrômico;

f) Hipótese (s) Diagnósticas(s).

A avaliação do paciente em psicopatologia é feita principalmente por meio da entrevista. Ela não pode ser vista como algo banal, um simples perguntar ao paciente sobre alguns itens de sua vida. A entrevista, juntamente, com a observação cuidadosa do paciente, é, de fato, o principal instrumento de conhecimento da psicopatologia. Por intermédio de uma entrevista bem realizada com arte e técnica o profissional poderá obter informações valiosas para o diagnóstico clínico, para o conhecimento da dinâmica afetiva do paciente e – o que pragmaticamente é mais importante – para uma melhor intervenção e planejamento terapêuticos. (DALGALARRONDO, 2000).

A área desenvolvida pela psicologia clínica, denominada Psicodiagnóstico representa um importante meio de auxílio no diagnóstico psicopatológico, e em sua maioria, são viabilizados através da aplicação de testes projetivos, psicométricos e da personalidade, ou também por testes rastreadores de possíveis alterações orgânicas, assim como testes neuropsicológicos mais específicos destinados a detectar alterações cognitivas. Exames complementares: os exames complementares laboratoriais, neurofisiológicos e de neuroimagem são também auxílio fundamental ao diagnóstico psicopatológico. O domínio da técnica de realizar entrevistas é o que qualifica o profissional habilidoso, sendo um atributo fundamental e insubstituível do profissional de saúde. A habilidade do entrevistador, de início, revela-se pelas perguntas que formula, por aquelas que evita formular e pela decisão de quando e como falar ou apenas se calar e ouvir. O profissional que conduz a entrevista deve também estabelecer uma relação empática e ao mesmo tempo útil do ponto de vista humano, além de saber acolher e ouvir o sofrimento do indivíduo, escutando o doente em suas dificuldades e idiossincrasias (maneira própria de ver, sentir e reagir de cada um). Além de paciência, respeito e empatia, o profissional necessita de uma certa têmpera (moderação, equilíbrio) e habilidade para estabelecer limites aos pacientes invasivos ou agressivos, e assim proteger-se e proteger o conteúdo da entrevista. (SULLIVAN, 1983 apud DALGALARRONDO, 2000).

> Através da entrevista psicopatológica, chegamos a dois principais aspectos da avaliação: Anamnese, ou seja, o histórico dos sintomas e sinais/signos que o paciente tem apresentado ao longo de sua vida, seus antecedentes pessoais e familiares, assim como de sua família e meio social. Exame Psíquico, ou Exame de estado mental. Ambos são aspectos mais relevantes sobre a técnica de entrevista em psicopatologia, porém não podemos desconsiderar uma avaliação física, pois o exame físico do paciente com transtornos mentais, quando realizado de forma adequada, pode ser um excelente instrumento de aproximação afetiva, principalmente, em pacientes muitos regredidos, além de que o exame físico do paciente com um transtorno psiquiátrico, não difere daquele dos pacientes sem transtornos mentais; só que muitas vezes, uma avaliação física é feita por médicos clínicos gerais, que por sua vez, não ouvem o paciente psiquiátrico como devem ser ouvidos, em consequência do estigma de "louco", que invalida suas queixas somáticas. Podemos também, além do exame físico, encaminhar o paciente para uma Avaliação Neurológica, onde poderá ajudar no psicodiagnóstico. (DALGALARRONDO, 2000).

A entrevista inicial é considerada um momento crucial no diagnóstico e tratamento em saúde mental. Esse primeiro contato, quando bem conduzido, deve produzir no paciente uma sensação de confiança e esperança no alívio do seu sofrimento. Do contrário, quando as entrevistas iniciais são desencontradas e desastrosas, na qual o profissional é, involuntariamente ou não, negligente ou hostil, são seguidas na maioria das vezes, no abortamento do tratamento. No momento inicial, o olhar, e com ele, toda a sua comunicação não verbal, já tem seu valor substancial, pois é nele que se inclui toda a carga emocional de ser visto, do gesto, da postura, das vestimentas, do modo de sorrir ou de expressar os seus sentimentos. Esse primeiro contato e a primeira impressão que o paciente produz no entrevistador é na verdade, o produto de uma mescla de muitos fatores, como a experiência clínica, transferência e contratransferência e valores pessoais e preconceitos inevitáveis que o profissional, querendo ou não, carrega consigo. Logo no início da entrevista, é conveniente que o profissional se apresente, dizendo seu nome, profissão, especialidade e, se for o caso, o motivo ou razão da entrevista. A confidencialidade, a privacidade e o sigilo podem ser explicitamente garantidos, caso se note o paciente tímido ou desconfiado. Portanto é de fundamental importância deixar claro para o paciente o sigilo e descrição da entrevista e que os mesmos serão rompidos no caso de ideias, planos ou atos seriamente auto ou heterodestrutivos. (Ibidem).

Às vezes uma entrevista bem conduzida é aquela onde o profissional fala pouco e ouve muito o paciente, outras vezes, a situação exige que o entrevistador seja mais ativo, falando mais e fazendo mais perguntas. Isso varia muito e função:

a) Do paciente; sua personalidade, seu estado mental e emocional. Às vezes o entrevistador precisa ouvir muito, pois o paciente preciso muito falar, desabafar. Outras vezes, o entrevistador deve falar mais, para que o paciente não se sinta muito tímido ou retraído;

b) Do contexto institucional da entrevista, ou seja, onde será realizadas esta entrevista, em um pronto socorro, enfermaria, ambulatório, etc.

c) Dos objetivos da entrevista, se a mesma está sendo realizada para um diagnóstico clínico, estabelecimento de vínculos terapêuticos, questões forenses, etc.;

d) Da personalidade do entrevistador, ou seja, alguns profissionais são ótimos entrevistadores falando pouco durante a entrevista, sendo discretos e introvertidos; outros, porém só conseguem trabalhar bem e realizar boas entrevistas, sendo espontâneos, falantes e extrovertidos.

Dalgalarrondo (2000) ressaltando também alguns pontos negativos que devem ser evitados pelo profissional na realização da entrevista:

a) Posturas rígidas e estereotipadas, que são fórmulas que o profissional deduz que funcionariam bem com alguns pacientes e, portanto devem funcionar com todos. Portanto, o profissional deve buscar uma atitude flexível que se adapte à personalidade e aos sintomas do indivíduo, assim como sua cultura, ideologia e valores pessoais;

b) Atitude excessivamente neutra ou fria, que transmita ao paciente muitas vezes uma situação de distância e desprezo;

c) Reações exageradamente emotivas ou artificialmente calorosas, que produzem uma falsa intimidade. O que se deve fazer é criar uma relação de respeito e consideração pelo paciente, mas de uma maneira genuína, sem extrema frieza ou cautela exagerada;

d) Comentários valorativos ou julgamentos sobre o que o paciente relata, sente, vivencia ou apresenta;

e) Reações emocionais intensas de pena ou compaixão, pois um paciente desesperadamente transtornado beneficia-se muito mais de um profissional que acolha tal sofrimento de forma empática do que um profissional que se desespere com ele;

f) Responder com hostilidade ou agressão às investidas hostis ou agressividades do paciente. O profissional deve deixar claro que o paciente está sendo inadequadamente hostil e que, embora em tom sereno e brando, deve deixar evidente que não aceitará agressões físicas ou verbais exagerada, pois tais comportamentos e discussões costumam ser inúteis ou negativas no contato com o paciente;

g) Entrevistas excessivamente prolixas (muito longo ou difuso; enfadonho), mas no fundo não diz nada de substancial sobre o seu sofrimento. Quando isso ocorrer, o profissional deve ter habilidade de conduzir a entrevista para pontos e termos mais significantes,

h) Fazer muitas anotações durante a entrevista, pois esse comportamento adotado pelo entrevistador pode transmitir ao paciente que as anotações são mais importantes do que a própria entrevista, por isso é fundamentalmente importante observar se o ato de fazer anotações incomoda o paciente.

O importante é, sobretudo, salientar que apesar do profissional ter apenas entre cinco a dez minutos para atender um paciente nessas instituições, ele deve examinar o mesmo com paciência e respeito, criando uma atmosfera de confiança e empatia, mesmo com as restrições de tempo, pois muitas vezes não é a quantidade de tempo ou de entrevistas que o profissional tem com o paciente, mas a qualidade da atenção que o profissional consegue oferecer ao paciente é que pode gerar uma melhor qualidade no atendimento. (DALGALARRONDO, 2000)

O profissional com alguma experiência em Psicopatologia, no entanto, pode detectar que os dados de uma entrevista podem estar sendo sub ou superestimados. Pois às vezes o paciente nega estar tendo os sintomas, para se passar por uma pessoa "normal", sem nenhum transtorno. Isso se denomina dissimulação, que é o ato de esconder ou negar voluntariamente a presença de sinais e sintomas psicopatológicos. Tal negativa ocorre por medo de uma possível internação, de tomar medicamentos psiquiátricos ou de simplesmente ser cotado como "louco" ou "doente mental". Porém, por outro lado, temos o processo de simulação, que ao contrário da dissimulação, é a tentativa de criar, apresentar voluntariamente um sintoma, sinal ou vivência que realmente não tenha, ou seja, diz ouvir vozes, sentir dores psicossomáticas, de estar desequilibrado emocionalmente sempre com o intuito de obter algo como: aposentadoria, dispensa do trabalho, não ir para a cadeia, ou muitos outros fatores que podem ser evitados com um diagnóstico de doença mental. (Ibidem).

Um dos métodos mais frequentes de classificação de doença mental é pela categorização de experiências descritas por pessoas mentalmente doentes e da definição dos termos utilizados, tais como "depressão" ou "ansiedade". Para o progresso no prognóstico e no tratamento, tal classificação é essencial. Ao tentar entender as experiências subjetivas de uma pessoa que sofre, o terapeuta demonstra um envolvimento e o paciente provavelmente terá maior confiança no tratamento. Os sintomas agregam-se em determinados padrões e podemos, portanto, falar de diferentes doenças mentais ou psiquiátricas. Os métodos precisos de diagnóstico ou a definição da natureza do problema continuam sendo importantes. Para que a nosologia psiquiátrica possa ser melhorada, é necessária uma observação acurada dos fenômenos com os quais nos confrontamos. (SIMS, 2001).

Mas, afinal, o que uma pessoa obviamente afetada por uma doença mental está realmente sentindo? De que forma suas próprias experiências assemelham-se ou diferem da experiência dos outros tanto daqueles que estão bem quanto dos que estão doentes? Como podemos usar a palavra observador com relação à experiência interna de uma outra pessoa? É exatamente aqui que o processo de empatia. Mediante essas questões, Sims (2001) pontua que ouvir e observar são cruciais para o entendimento. Deve-se tomar muito cuidado ao se fazerem perguntas. Os médicos muitas vezes identificam sintomas incorretamente e fazem o diagnóstico errado, pois fizeram perguntas capciosas com as quais o paciente, por meio de sua submissão ao status do médico e ansiedade para cooperar, está completamente disposto a concordar. O método de empatia significa usar a habilidade de sentir-se na situação de outra pessoa, avançando através de séries organizadas de perguntas; repetindo e reiterando onde for necessário até que se tenha certeza do que está sendo descrito pelo paciente.

Sendo assim é importante tentar alcançar o significado subjetivo do paciente e não somente ficar satisfeito porque a resposta é anormal. O significado fenomenológico é, algumas vezes, revelado no tipo de resposta; por exemplo, quando se pediu a um paciente esquizofrênico que explicasse a diferença entre uma parede e uma cerca, ele respondeu: "Você pode ver através de uma cerca, mas as paredes têm ouvidos". Da mesma maneira que os eventos externos têm causas que podem ser explicadas, os eventos psicológicos internos podem originar-se uns dos outros em um encadeamento significativo, se o estado interno do paciente puder ser entendido empaticamente. (RAWNSLEY 1985 apud PEREIRA, 2010).

Partindo da premissa de que o comportamento significa algo, isto é, que surge com consistência interna, a partir de eventos psíquicos. Embora o comportamento de um paciente possa ser significativo para ele, pode não ser possível para nós, os observadores externos, entendê-lo. Existem muitos níveis nos quais podemos entender. Por exemplo, podemos ter algum entendimento das dificuldades sexuais de um exibicionista reincidente ao saber sobre sua infância perturbada; mas isto ainda não se explica por que ele regularmente repete o comportamento que o faz entrar em conflito com a lei, prejudicando-o socialmente e à sua família. Wittgenstein (1953 apud SIMS, 2001) afirmou: "Nós explicamos comportamentos humanos dando razões, não causas". Nesse sentido, Jaspers contrastou compressão (verstehen) com explicação (erklären) e mostrou como estes termos podem ser usados no sentido tanto estático quanto genético. Estático significa compreender ou explicar a presente situação a partir das informações disponíveis; genético, como atingiu este estado pelo exame de seus antecedentes. Conforme ilustrado na **Tabela 3**.

	Compreensão	Explicação
Estático	(1) Descrição Fenomenológica	(3) Observação através da percepção sensorial externa
Genético	(2) Empatia estabelecida a partir do que emerge	(4) Causa e efeito do método científico

Tabela 3. Diagrama de entendimento e explicação.

De acordo com Giorgi (2006 apud FEIJOO, 2016) compreensão é a percepção do significado pessoal da experiência subjetiva do paciente:

1) Se quisermos encontrar significado em um determinado momento no tempo, o método da fenomenologia é apropriado. A experiência subjetiva do paciente é dissecada formando-se um quadro estático do que tal pensamento ou tal evento significaram para ele naquele determinado momento. Não é feito qualquer comentário de como o evento surgiu e nem alguma previsão ao que acontecerá depois. O significado é simplesmente extraído como uma descrição do que o paciente está experimentando e o que isto significa para ele agora. Um homem sente-se zangado: a compreensão estática usa a empatia para descrever em detalhes exatamente como é para ele sentir-se zangado. Eu, o examinador, já experimentei fenômenos como estes? Eles são conhecidos por mim pelas experiências que tive em minha vida?

2) A compreensão genética, em oposição à compreensão estática, preocupa-se com um *processo*. Entende-se que, quando insultado, este homem reage com violência; quando esta mulher ouve vozes comentando sobre suas ações, ela fecha as cortinas de sua casa. Para compreender a maneira como os acontecimentos psíquicos originam-se um dos outros na experiência do paciente, o terapeuta usa a *empatia* como um método ou ferramenta. Ele *coloca-se* na situação do paciente. Se este primeiro acontecimento tivesse ocorrido com ele nas circunstâncias totais do paciente, o segundo evento, que foi a reação do paciente ao primeiro, ocorreu dentro do esperado, com alguma margem de certeza. Ele compreende os sentimentos atribuídos ao paciente a partir da ação que deles resulta. Então, se eu fosse o paciente com a mesma história, será que teria as mesmas experiências e o mesmo comportamento? Um exemplo ajudaria a demonstrar a humanidade desta abordagem e a universalidade da experiência humana: eu devo me colocar no lugar de uma jovem mulher de 19 anos, criada em uma comunidade pesqueira isolada, a mais velha de oito filhos, que se torna estuporosa durante sua segunda gravidez. Ela é casada com um homem alcoólatra de 35 anos, e seu pai também é alcoolista. Devo compreender como ela lidou com o comportamento de seu pai quando criança; o que sua gravidez significou para ela; como ela viu o comportamento de sua mãe durante suas gestações, etc. A *explicação* trata do registro de eventos de um ponto de observação fora destes; a compreensão, de dentro deles. Compreende-se a raiva de uma pessoa e suas consequências; explica-se a ocorrência da neve no inverno. Explicações também podem ser descritas como estáticas ou genéticas.

3) A explicação estática refere-se à percepção sensorial externa, à observação de um acontecimento.

4) A explicação genética consiste na descoberta de conexões causais: ela descreve uma cadeia de eventos e porque eles seguem esta sequência. Compreender e explicar são partes necessárias da investigação psiquiátrica.

Em seu livro, *Psicopatologia e Semiologia dos transtornos mentais*, Dalgalarrondo (2000 apud PEREIRA, 2010) apresenta dois quadros: Avaliação inicial e perguntas introdutórias e História psiquiátrica. No primeiro, há orientações gerais sobre qual deve ser a conduta do médico durante a entrevista:

a) Providenciar um local com um mínimo de privacidade e conforto para a entrevista;

b) Apresentar-se ao paciente e depois explicar brevemente o objetivo da entrevista;

c) Estabelecer um contato empático com o paciente, iniciar com as perguntas gerais sobre quem é o paciente: Como o (a) senhor (a) se chama? Quantos anos têm? "Qual seu estado civil"? (Dados Sócio-Demográficos básicos), dentre outras recomendações.

No segundo quadro – História Psiquiátrica – há 14 subtópicos que compõem a entrevista propriamente dita. Alguns deles são Identificação, Queixa principal e história da moléstia atual, Hábitos, Relacionamento e dinâmica familiar, Resultados das avaliações complementares, Hipóteses diagnósticas e Planejamento terapêutico e ações terapêuticas implementadas, dentre outros. Para todos os subtópicos, no entanto, existem lacunas que devem ser preenchidas pelo médico com as informações fornecidas pelo paciente. Por exemplo, em relação à Queixa Principal e História da Moléstia Atual, as orientações são as seguintes:

> "Descrever (de preferência com as palavras do paciente, *os sintomas, sinais* e comportamentos, desde o início do último episódio até o presente momento) – (perguntas estruturadas: 0 = não; 1 = sim): Já se consultou no passado com médico ou psicólogo (ou profissional de saúde mental) para problemas dos nervos: _____; Há quanto tempo foi a primeira consulta_____; Já tomou remédio para os nervos: _____; Há quanto tempo tomou pela primeira vez _____; Muitas pessoas procuram ajuda de benzedeira, padre, pastor, centro espírita, ou outra pessoa com poderes de cura. Você já procurou alguma ajuda desse tipo"

Quadro 1 – Instruções para identificar a atual e principal queixa
(DALGALARRONDO, 2000 apud PEREIRA, 2010).

Além dessas, outras informações devem ser obtidas a fim de informar o médico sobre tudo que disser respeito à história da doença. O roteiro apresentado por Dalgalarrondo (2000) é guiado, orientado, seguindo o 'modelo inquérito' de obtenção de respostas - o foco é o conteúdo das perguntas, cujas respostas informarão o médico a respeito da patologia do paciente já que o objetivo é conhecer a doença. Segundo esse autor, para que o paciente expresse sinais e sintomas, o médico deve estar atento ao que ele narra, observando o 'estilo' do paciente, sua aparência e suas atitudes básicas. Ou seja, as atitudes e o comportamento do paciente vão estar a serviço desse objetivo: conhecer e tratar a doença. No roteiro da entrevista psiquiátrica apresentado por Dalgalarrondo estão incluídos também, além da Anamnese, o Exame Psíquico e a Súmula Psicopatológica. Adotando, assim, uma postura mais instrucional que tende a conduzir o comportamento do médico, Dalgalarrondo (2000 apud Ibidem), universalizando e generalizando os casos, após apresentar alguns quadros, faz diversas recomendações, ressaltando também determinadas atitudes que devem ser tomadas pelo entrevistador durante a entrevista para que não prejudique o curso da interação. Duas delas representam claramente o modelo de medicina centrada no médico como especialista, cuja conduta deve ser o reflexo do seu saber médico institucional:

a) Deve-se evitar terminologia por demais tecnicista que revela, geralmente, insegurança do profissional, que busca compensar, na linguagem rebuscada, os vácuos de sua ignorância sobre o caso, ou que quer demonstrar de modo exibicionista a sua erudição e saber médico;

b) Deve-se lembrar que apesar de que em uma história psicopatológica são descritos fenômenos irracionais, muitas vezes desorganizados e caóticos, o relato deve ser organizado e coerente, facilitando o estabelecimento de hipóteses diagnósticas e de planejamento terapêutico adequado. O paciente tem o direito de ser confuso, contraditório, ilógico. O profissional, ao relatar o caso, não tem esse direito.

Nas recomendações de Dalgalarrondo, podem ser conhecidos os 'papéis' que o médico e a doença do paciente ocupam no roteiro, demonstrando que conduta o profissional deve ter no sentido de atender às exigências desse modelo normativo: "o domínio da técnica de realizar entrevistas é o que qualifica especificamente o profissional habilidoso". Discussões a respeito do papel do paciente enquanto sujeito de seu sofrimento mental não são expressas.

Vale salientar que essas orientações propostas por Dalgalarrondo, que são práticas discursivas, não apontam para a importância e consequente inserção do paciente na interação, o que deflagra um aspecto instrucional mais marcado, além do consequente controle do médico sobre a entrevista. Em verdade, os quadros apresentados por ele propiciam a facilitação prática de profissionais menos experientes, uma vez que o 'modelo' já estaria organizado. Em princípio, esses quadros podem parecer ajudar o médico a realizar a entrevista, no entanto, tendem a uniformizar as entrevistas, sem levar em consideração os diferentes pacientes com suas diferentes histórias de vida.

8. Sobre o Autor

Marcus Deminco (Salvador-BA. 28/Set/76). Escritor e Psicólogo brasileiro. Doutor Honoris Causa em Transtorno do Déficit de Atenção com Hiperatividade (TDAH) *Practitioner* e Tutor de Programação Neurolinguística (PNL); autor de artigos científicos no Portal dos Psicólogos (O maior Site sobre Psicologia em Portugal). Além

de ser dono de diversas frases — textos e pensamentos compartilhados em sites e redes sociais. Entre seus escritos, o propalado texto Por que ler Paulo Coelho? – texto bastante elogiado pelo próprio autor. Marcus Deminco é também autor dos Livros:

1. EU & Meu Amigo DDA – Autobiografia de um Portador do Distúrbio do Déficit de Atenção.
2. O Segredo de Clarice Lispector. (Portuguese Edition)
3. The Secret of Clarice Lispector (English Edition)
4. El Secreto de Clarice Lispector (Spanish Edition)
5. VERTYGO – O Suicídio de Lukas (Portuguese Edition)
6. VERTYGO – The Suicide of Lukas. (English Edition)
7. Helen Palmer – Uma Sombra de Clarice Lispector (Portuguese Edition)
8. Helen Palmer — A Shadow of Clarice Lispector (English Edition)
9. Transtorno Bipolar — Aspectos Gerais (Portuguese Edition)
10. Bipolar Disorder — General Aspects (English Edition)
11. Programação Neurolinguística – Começando pelo começo (Portuguese Edition)
12. Neuro-Linguistic Programming — Beginning by the Beginning (English Edition)

13. Mensagens para Postar, Curtir & Compartilhar. Vol. 1

14. Mensagens para Postar, Curtir & Compartilhar. Vol. 2

15. Mensagens para Postar, Curtir & Compartilhar. Vol. 3

16. Coleção de textos em E-Cards. Vol. 1

17. Coleção de Textos em E-Cards. Vol. 2

18. Compilação de Textos & Contos Reflexivos (Portuguese Edition)

Prêmios & Homenagens

a) Autor do texto Estafeta Sem Rumo do Prêmio Cecílio Barros Pessoa de Antologia – Academia Cabista de Letras, Artes e Ciências de Arraial do Cabo – RJ.

b) Doutor Honoris Causa em TDA/H pela *Brazilian Association of Psychosomatic Medicine* em reconhecimento a contribuição científica e relevância social do livro: Eu & Meu Amigo DDA - Autobiografia de um Portador do Distúrbio do Déficit de Atenção.

c) Um dos vencedores do Prêmio: Além da Terra, Além do Céu de poesia contemporânea – Editora Chiado (Portugal).

d) Um dos vencedores do Sarau Brasil 2018 — Concurso Nacional de Novos Poetas com o Texto "A Atormentação Criadora" (Vivara Editora Nacional)

Contatos & Mídias Sociais

E-mail: marcusdeminco@gmail.com
Website: http://marcusdeminco.com/
Blog: http://marcusdeminco.blogspot.com.br/
Twitter: https://twitter.com/marcusdeminco
Facebook: https://www.facebook.com/marcus.deminco
Pinterest: https://www.pinterest.com/marcusdeminco/
Instagram: @marcusdeminco
Youtube: https://www.youtube.com/channel/UCRu8yfSoLewjuX6GO6o7Nmw
G+: https://plus.google.com/u/0/114858320913983491464
Tumblr: http://deminco.tumblr.com/
Flickr: https://www.flickr.com/photos/143729713@N06/with/28004881736/
GoodReads: https://www.goodreads.com/author/show/7792932.Marcus_Deminco/
Pensador: https://pensador.uol.com.br/autor/marcus_deminco/

9. Referências:

ALMEIDA-FILHO, N.; COELHO, M.; PERES, M. **O conceito de saúde mental**. Revista USP, n. 43, p. 100-125, 30 nov. 1999. Disponível em:<http://www.journals.usp.br/revusp/article/viewFile/28481/30335>. Acesso em17 de Dez. de 2018.

ALMEIDA-FILHO, Naomar. **Modelos de determinação social das doenças crônicas não-transmissíveis**. Ciênc. saúde coletiva, Rio de Janeiro , v. 9, n. 4, p. 865-884, Dec. 2004 . Available from <http://www.scielo.br/scielo.php?script=sci_arttext&pid=S1413-81232004000400009&lng=en&nrm=iso>. Access on 17 Dec. 2018.

AMARANTE, P., org. **Ensaios: subjetividade, saúde mental, sociedade**. Rio de Janeiro: Fiocruz, 2000. Disponível em:<. http://books.scielo.org/id/htjgj/pdf/amarante-9788575413197.pdf>. Acesso em 14 de Dez. de 2018.

AMARO, F.; SASS, S. **Um estudo sobre a singularidade do adoecimento psíquico**. Horizonte Científico, Uberlândia, v. 7, n. 1, p. 1-22, 2013. Disponível em:< http://www.seer.ufu.br/index.php/horizontecientifico/article/view/17761/12044>. Acesso em15 de Dez. de 2018.

BALLONE, GJ, Moura EC - **Alterações do Pensamento**. Disponível em:<www.psiqweb.med.br>. Revisto em 2008. Acesso em 17 de Dez. de 2018.

BALLONE, G.J. Psiqweb - **Portal de Psiquiatria**. Disponível em: <http://virtualpsy.locaweb.com.br/index.php>. Revisto em 2005. Acesso em 17 de Dez. de 2018.

BANZATO, Cláudio Eduardo Muller. **Sobre a distinção entre "critério" e "sintoma" na nosologia psiquiátrica**. Rev. latinoam. psicopatol. fundam. São Paulo, v. 3, n. 3, p. 9-17, set. 2000. Disponível em <http://www.scielo.br/scielo.php?script=sci_arttext&pid=S1415-47142000000300009&lng=en&nrm=iso>. acesso em 19 de dezembro de 2018. http://dx.doi.org/10.1590/1415-47142000003002.

BARLOW, H. David, DURAND, V. Mark. **Psicopatologia: uma abordagem integrada**. Trad: Roberto Galman. 4ª edição. São Paulo: Cengage Learning, 2008.

BERLINCK, Manoel Tosta. **O que é Psicopatologia Fundamental**. Psicol. cienc. prof., Brasília , v. 17, n. 2, p. 13-20, 1997 . Available from <http://www.scielo.br/scielo.php?script=sci_arttext&pid=S1414-98931997000200003&lng=en&nrm=iso>. Access on 13 Dec. 2018. http://dx.doi.org/10.1590/S1414-98931997000200003.

BERRIOS, German E. **Psicopatologia descritiva: aspectos históricos e conceituais**. Rev. latinoam. psicopatol. fundam. São Paulo, v. 15, n. 1, p. 171-196, mar. 2012. Disponível em <http://www.scielo.br/scielo.php?script=sci_arttext&pid=S1415-47142012000100012&lng=en&nrm=iso>. Acesso em 15 de dezembro de 2018. http://dx.doi.org/10.1590/S1415-47142012000100012.

BRITTO, Ilma A Goulart de Souza. **Sobre delírios e alucinações**. Rev. bras.ter. comport. cogn., São Paulo, v. 6, n. 1, jun. 2004 . Disponível em <http://pepsic.bvsalud.org/scielo.php?script=sci_arttext&pid=S1517-55452004000100007&lng=pt&nrm=iso>. Acesso em 14 Dec. 2018.

CECCARELLI, Paulo. **O sofrimento psíquico na perspectiva da Psicopatologia fundamental**. Psicol. estud., Maringá, v. 10, n. 3, Dec. 2005 . Available from <http://www.scielo.br/scielo.php?script=sci_arttext&pid=S1413-73722005000300015&lng=en&nrm=iso>. Access on 19 Dec. 2018. doi: 10.1590/S1413-73722005000300015.

CHENIAUX, Elie. **Psicopatologia descritiva: existe uma linguagem comum?** Rev. Bras. Psiquiatr. [serial on the Internet]. 2005 June [cited 2010 Nov 04] ; 27(2): 157-162. Available from: http://www.scielo.br/scielo.php?script=sci_arttext&pid=S1516-44462005000200017&lng=en. doi: 10.1590/S1516-44462005000200017.

COBRA, Rubem Q. **Fenomenologia. Temas de Filosofia**. Disponível em:< http://www.cobra.pages.nom.br/ftm-fenomeno.html>. Acesso em 17 de Dez. de 2018.

COELHO, Maria Thereza Ávila Dantas; ALMEIDA FILHO, Naomar de. **Normal-patológico, saúde-doença: revisitando Canguilhem.** Physis , Rio de Janeiro, v. 9, n. 1, p. 13-36, junho de 1999. Disponível em <http://www.scielo.br/scielo.php?script=sci_arttext&pid=S0103-73311999000100002&lng=en&nrm=iso>. Acesso em 16 dez. 2018. http://dx.doi.org/10.1590/S0103-73311999000100002.

CORREIA, Diogo Telles. **Manual de Psicopatologia**. Editora: Lide, 2014.

DALGALARRONDO, Paulo. **Psicopatologia e semiologia dos transtornos mentais.** Porto Alegre: Artmed, 2000.

DSM – **Diagnostic and Statistical Manual of Mental Disorders.** Disponível em: < https://www.psychiatry.org/psychiatrists/practice/dsm#conference >. Acesso em 17 de Dez. de 2018.

FEDIDA, Pierre. **De uma Psicopatologia geral a uma Psicopatologia fundamental**. Nota sobre a noção de paradigma. Rev. latinoam. psicopatol. fundam., São Paulo , v. 1, n. 3, p. 107-121, Sept. 1998 . Available from <http://www.scielo.br/scielo.php?script=sci_arttext&pid=S1415-47141998000300107&lng=en&nrm=iso>. Access on 09 Dec. 2018. http://dx.doi.org/10.1590/1415-47141998003006.

FEIJOO, Ana Maria Lopez Calvo de; GOTO, Tommy Akira. **É Possível a Fenomenologia de Husserl como Método de Pesquisa em Psicologia?**. Psic .: Teor. e Pesq. Brasília, v. 32, n. 4, e32421, 2016. Disponível em <http://www.scielo.br/scielo.php?script=sci_arttext&pid=S0102-37722016000400201&lng=en&nrm=iso>. Acesso em 15 dez. 2018. Epub 22 de junho de 2017. http://dx.doi.org/10.1590/0102.3772e3241.

FERNANDES, Flora. **Psicopatologia - Introdução e Definição**. Disponível em: < http://artigos.psicologado.com/Psicopatologia /Psicopatologia -introducao-e-definicao >. Acesso em 17 de Dez. de 2018.

FERREIRA, Luciana da Silva Mendes. **Entre a Fenomenologia e a Hermenêutica: uma perspectiva em psicoterapia**. Rev. abordagem gestalt., Goiânia , v. 15, n. 2, p. 143-148, dez. 2009 . Disponível em <http://pepsic.bvsalud.org/scielo.php?script=sci_arttext&pid=S1809-68672009000200010&lng=pt&nrm=iso>. Acesso em 13 Dez. 2018.

FOUCAULT, Michel. **Histoire de la Folie à l'Âge Classique.** Tradução: José Teixeira Coelho Netto. Editora Perspectiva, 1972.

FREIRE, Izabel. **Raízes da Psicologia**. Petrópolis: Vozes, 2002.

FREUD, Sigmund. **Dois verbetes de enciclopédia** (1923 [1922]). Disponível em:< http://centropsicanalise.com.br/wp-content/uploads/2012/07/CicloI-Aulas2e3-Complementar-Vol.XVIII-Doisverbetesdaenciclopedia-Psican%C3%A1lise.pdf>. Acesso em 17 de Dez. de 2018.

FREUD, Sigmund. **Uma breve descrição da psicanálise (1924 [1923]).** Disponível em:< http://centropsicanalise.com.br/wp-content/uploads/2012/07/CicloI-Aulas2e3-Complementar-Vol.XVIII-Doisverbetesdaenciclopedia-Psican%C3%A1lise.pdf>. Acesso em 17 de Dez. de 2018.

GONÇALVES, R. Ramos et al. **Merleau-Ponty, Sartre e Heidegger: três concepções de fenomenologia, três grandes filósofos.** Estudos E Pesquisas Em Psicologia, UERJ, RJ, ANO 8, N.2, P. 402-435, 1° SEMESTRE DE 2008. Disponível em:< http://www.revispsi.uerj.br/v8n2/artigos/html/v8n2a19.html> Acesso em 11 de Dez. 2018.

HAAR, Michel. **Introdução À Psicanálise – Freud**. Portugal: Edições 70, 2008.

HEGENBERG, L. Doença: um estudo filosófico. Rio de Janeiro: FIOCRUZ, 1998. Disponível em:< https://archive.org/stream/9788575412589/9788575412589_djvu.txt>. Acesso em 11 de Dez. 2018.

IORIO, André Luiz. **Psicopatologia e pós-estruturalismo: convivendo com novas problemáticas.** Rev. Mal-Estar Subj., Fortaleza , v. 5, n. 2, p. 361-381, set. 2005 . Disponível em <http://pepsic.bvsalud.org/scielo.php?script=sci_arttext&pid=S1518-61482005000200009&lng=pt&nrm=iso>. Acesso em 17 Dez. 2018.

JASPERS, Karl. **Psicopatologia Geral – Psicologia compreensiva, explicativa e fenomenológica.** 8ª edição. São Paulo: Atheneu, 2003.

KARWOWSKI, Silverio Lucio. **Por um entendimento do que se chama Psicopatologia fenomenológica.** Rev. abordagem gestalt., Goiânia , v. 21, n. 1, p. 62-73, jun. 2015 . Disponível em <http://pepsic.bvsalud.org/scielo.php?script=sci_arttext&pid=S1809-68672015000100007&lng=pt&nrm=iso>. Acesso em 19 Dez. 2018.

KUSNETZOFF, Juan Carlos. **Introdução à Psicopatologia Psicanalítica**. Rio de Janeiro: Nova Fronteira, 1982.

LAMBERT, Kelly. KINSLEY, Craig H. **Neurociência Clínica: as bases neurobiológicas da saúde**. Trad.: Ronaldo Cataldo. Porto Alegre: Artmed, 2006.

LIMA, Maria Elizabeth Antunes. A **Psicopatologia do trabalho**. Psicol. cienc. prof., Brasília , v. 18, n. 2, p. 10-15, 1998 . Available from <http://www.scielo.br/scielo.php?script=sci_arttext&pid=S1414-98931998000200003&lng=en&nrm=iso>. Access on 15 Dec. 2018. http://dx.doi.org/10.1590/S1414-98931998000200003.

LIMA, Mauro Aranha de. **Psicopatologia e semiologia dos transtornos mentais**. Rev. Bras. Psiquiatr., São Paulo , v. 22, n. 1, p. 37-38, Mar. 2000 . Available from <http://www.scielo.br/scielo.php?script=sci_arttext&pid=S1516-44462000000100012&lng=en&nrm=iso>. Access on 19 Dec. 2018. http://dx.doi.org/10.1590/S1516-44462000000100012.

LOUZÃ E ELKIS. Psiquiatria Básica. Porto Alegre: Artmed, 2007.

MENDOZA, Melanie. **A Psicopatologia De Karl Jaspers : As Bases Filosóficas, O Exame Psíquico E A Prática Clínica**. Disponível em: < http://www.psiquiatriainfantil.com.br/artigo.asp?codigo=115#_ftn2 >. Acesso em 18 Dez. 2018.

MOREIRA, Virginia. **Uma Perspectiva Histórica Da Psicopatologia Fenomenológica**. v. 1, n. 1, 2013. Disponível em:< http://www.periodicoseletronicos.ufma.br/index.php/fenomenolpsicol/article/view/1347/1064 >. Acesso em 17 Dez. 2018.

NASSIF, L. E. . **Origens e desenvolvimento da Psicopatologia do trabalho na França (século XX): uma abordagem histórica**. Revista Memorandum, 2005. Disponível em:< http://www.fafich.ufmg.br/memorandum/artigos08/artigo07.pdf>. Acesso em 17 Dez. 2018.

PACHECO, Maria Vera Pompêo de Camargo. **Esquirol e o surgimento da psiquiatria contemporânea**. Rev. latinoam. psicopatol. fundam., São Paulo , v. 6, n. 2, p. 152-157, June 2003 . Available from <http://www.scielo.br/scielo.php?script=sci_arttext&pid=S1415-47142003000200152&lng=en&nrm=iso>. Access on 18 Dec. 2018. http://dx.doi.org/10.1590/1415-47142003002011.

PEREIRA, Tânia Conceição. **Roteiros da entrevista clínico-psiquiátrica - diretrizes teórico-metodológicas: "a rotina estabelecida pela tradição e pelos costumes"**. Ling. (dis)curso (Impr.), Tubarão , v. 10, n. 3, p. 683-704, Dec. 2010 . Available from <http://www.scielo.br/scielo.php?script=sci_arttext&pid=S1518-76322010000300012&lng=en&nrm=iso>. Access on 20 Dec. 2018. http://dx.doi.org/10.1590/S1518-76322010000300012.

PESSOTTI, Isaías. A Loucura e as Épocas. Editora: 34, 1994

REED, Umbertina. **Neurologia: noções básicas sobre a especialidade**. Disponível em: < http://www.fmr.usp.br/pdf/neurologia.pdf >. Acesso em 17 Dez. 2018.

SALLET, Paulo Clemente; GATTAZ, Wagner Farid. **Classificação das psicoses endógenas de Karl Leonhard**. Rev. Psiq. Clín. 29 *(3):135-149, 2002*. Disponível em:< http://consultaps.dominiotemporario.com/publicacoes/SalletPC2002_PsicosesEndogenas_KarlLeonhard.pdf>. Acesso em 17 Dez. 2018.

SCARPATO, Artur (2010). **Uma Introdução à Psicoterapia**. Disponível em: <www.psicoterapia.psc.br/scarpato/psicoter.html> Acesso em 15 Dez. 2018.

SIMS, Andrew. **Sintomas da mente: introdução à Psicopatologia descritiva**. Porto Alegre: Artmed, 2001.